TALMA

ET LA RÉVOLUTION

DU MÊME AUTEUR

Histoire des Comédiens de la troupe de Molière. 1 vol. in-8............................. 7 50

Études dramatiques : Talma et l'Empire 1 vol. in-18................................ 3 50

En préparation

Talma et la Restauration.

ÉTUDES DRAMATIQUES

TALMA

ET

LA RÉVOLUTION

PAR

ALFRED COPIN

DEUXIÈME ÉDITION

PARIS
LIBRAIRIE ACADÉMIQUE DIDIER
PERRIN ET Cie, LIBRAIRES-ÉDITEURS
35, QUAI DES GRANDS-AUGUSTINS, 35

1888

Tous droits réservés.

TALMA
ET LA RÉVOLUTION

I

NAISSANCE DE TALMA

Lorsque l'on demandait à Talma son âge, celui-ci ouvrait quatre biographies et lisait à son interlocuteur :

Talma (J.-F.), né à Londres le 17 janvier 1766;
Talma, né le 15 janvier 1760;
Talma, né à Paris au mois de janvier 1762;
Talma (Jos.-Franç.), né le 15 janvier 1767.
Puis, ajoutait-il en souriant, « ne savez-vous » pas que les comédiens, comme les jolies femmes, » n'ont point d'âge ? » Et l'interviewer indiscret n'en pouvait savoir davantage.

« On sera bien surpris quand on apprendra » mon âge », répétait-il encore dans les derniers moments de sa vie. La même ignorance n'avait-elle pas existé pour les dates de naissance de Baron et de Lekain, les deux seuls prédécesseurs de Talma sur la scène française, les deux seuls dignes de ce nom ?

M. Jal, pour qui rien n'est un secret, nous a fixé à ce sujet (1) : Talma, de ses prénoms François-Joseph, fut baptisé à l'église Saint-Nicolas, à Paris, le 15 janvier 1763. — Le 15 janvier comme Molière ! Il était fils de Michel-François-Joseph Talma, valet de chambre — même souche que Molière ! — et d'Anne Mignolet, son épouse, demeurant rue des Menestriers.

Le parrain, Philippe-Joseph Talma, cuisinier, oncle de l'enfant; la marraine, Marie-Thérèse Mignolet, tante de l'enfant.

Des valets de chambre et des cuisiniers ! Nous voilà loin des princes et des rois dont nous aurons à parler dans le courant de cet ouvrage.

Le père de Talma, originaire de Poix, près Avesnes, était venu à Paris pour y chercher fortune, comme tant d'autres, et s'était placé chez un Anglais en qualité de valet de chambre, puis était passé homme de confiance. Talma ! nom bizarre, qui sonne à l'oreille à la façon d'un vers d'Ho-

(1) Dictionnaire critique de biographie et d'histoire.

mère, nom qui porte avec lui une saveur étrange, nom que l'on s'attend à retrouver gravé sur quelque fronton de temple grec, dans les plaines de Sparte ou dans les jardins de Corinthe !

D'ailleurs Talma n'a-t-il pas pris lui-même la peine d'expliquer l'origine de son nom ? Voici ce qu'il écrivait, à ce sujet, à son homonyme M. Aretius Sibrandus Talma, à Engevirum, en Frise (Hollande), à la date du 15 juin 1822 ; la lettre est assez curieuse pour être rapportée ici :

« J'ignore, Monsieur, et il me serait difficile
» de découvrir si vous et moi sortons de la même
» souche. Il y a déjà plus de quinze ans qu'étant
» en Hollande, j'ai appris qu'il y avait dans ce
» pays des familles qui portaient le même nom
» que moi. La mienne habite principalement un
» endroit à six lieues de Cambrai, dans la Flandre
» française. Au reste, ce n'est pas la première fois
» que mon nom donne lieu à des informations
» sur mon origine de la part d'étrangers. Il y a
» environ quarante ou cinquante ans qu'un fils de
» l'Empereur de Maroc, se trouvant à Paris et en-
» tendant prononcer le nom de mon oncle, vint
» lui demander s'il n'était pas d'origine arabe.
» Depuis ce temps, un négociant d'une des villes
» maritimes de l'Afrique, que j'ai vu dans ma jeu-
» nesse à Paris, me fit la même question, et je ne
» pus pas plus répondre au négociant que mon
» oncle au fils de Sa Majesté marocaine. M. Lan=

» glès, savant très distingué dans les langues orien-
» tales, et mon ami d'enfance, me dit à cette
» époque qu'en effet *Talma*, en arabe, signifiait
» *intrépide*, et que c'était une de ces appellations
» que ces peuples emploient pour distinguer les
» différentes branches d'une même famille. Vous
» sentez, Monsieur, qu'une telle explication dut
» me rendre très fier, et que j'ai constamment fait
» mes efforts pour ne pas déroger. Malheureuse-
» ment, m'étant toujours livré au culte des arts,
» je n'ai jamais eu l'occasion de prouver que ce
» nom m'était justement acquis. Bref, j'ai sup-
» posé, d'après tous ces éclaircissements, qu'une
» famille maure, restée en Espagne, avait pu
» embrasser le christianisme, passer de ce royaume
» dans les Pays-Bas, possédés alors par les Espa-
» gnols, et de là, par une circonstance quel-
» conque, être venue s'établir dans la Flandre
» française.

» Mais, d'une autre part, on m'a dit en Hol-
» lande que notre nom avait une terminaison
» hollandaise et qu'il était très répandu dans ce
» pays. Ce nouvel éclaircissement a renversé tout
» le bel édifice de mon imagination, et m'a ren-
» voyé d'un seul trait des sables de l'Afrique dans
» les pâturages de la Hollande. C'est vous, Mon-
» sieur, qui, parlant hollandais, pouvez mieux
» que moi décider si définitivement nous sortons
» du Nord ou du Midi, si nos ancêtres portaient

» le turban ou le chaperon, s'ils invoquaient Ma-
» homet ou le Dieu des chrétiens.

» J'oubliais encore de vous dire, Monsieur, que
» le comte de Mouradja, qui a résidé longtemps
» en Orient, et qui a fait un ouvrage sur le sys-
» tème religieux des Orientaux, cite un passage
» d'un de leurs auteurs qui nous apprend que le
» roi, ou plutôt le Pharaon IVe d'Egypte, lequel
» chassa les Israélites, s'appelait Talma. C'était
» un grand coquin que ce roi; mais il ne faut pas
» y regarder de si près, quand on peut se dire
» d'une si illustre origine. Vous voyez, Monsieur,
» qu'il n'y a point de baron allemand à seize
» quartiers, pas même de roi dans les quatre
» parties du monde, qui puisse se vanter d'une
» antiquité aussi haute et aussi légitime que notre
» famille. Au reste, Monsieur, je tiens beaucoup
» plus à honneur d'être le parent d'un savant
» aussi distingué que vous, que d'être le descen-
» dant d'une tête couronnée. J'espère, Monsieur,
» que vous voudrez bien m'informer si vous pen-
» sez qu'en effet notre nom soit plutôt hollandais
» qu'arabe. Dans tous les cas, Monsieur, je me
» félicite sincèrement de porter un nom que vous
» savez si bien honorer, et je me flatte qu'un
» jour quelque circonstance favorable me procu-
» rera l'avantage de vous rencontrer et de faire
» plus particulièrement votre connaissance, soit que
» j'aille en Hollande, soit que vous veniez à Paris.

» Agréez, je vous prie, Monsieur, l'assurance
» des sentiments les plus distingués de votre
» dévoué serviteur.

» Talma. »

Nous avons laissé le père de Talma homme de confiance chez un Anglais. Cependant ses aspirations le portaient plus haut. Il avait étudié avec passion l'art du dentiste, et avait résolu de s'établir dans cette profession. Sur ces entrefaites, l'Anglais, son maître, retourna à Londres; le père de Talma l'y suivit. Il avait laissé à Paris son jeune fils dans une pension particulière dirigée par un M. Verdier, et qui était établie dans le jardin du Roi, sur l'emplacement où fut bâtie depuis la maison qu'habita Buffon. Le hasard lui avait déjà donné comme camarade de classe, dans une petite école de l'impasse de la Bouteille, rue Montorgueil, le jeune Mira, qui, plus tard, sous le nom de Brunet, fit pendant trente années la fortune du théâtre des Variétés.

II

TALMA EN ANGLETERRE

Une fois ses études terminées, Talma alla rejoindre son père à Londres. Celui-ci avait ouvert un cabinet de dentiste, et il commença à apprendre à son fils les devoirs de sa profession. Mais l'étude de Shakespeare et la représentation de ses incomparables chefs-d'œuvre dans leur idiome national étaient d'un bien autre attrait pour l'imagination ardente du jeune homme. Assez rompu bientôt aux finesses de la langue anglaise pour en saisir toutes les nuances, Talma se livra alors à une étude approfondie de la littérature anglaise, et surtout du drame anglais. Quel plaisir de lire et de comprendre Milton, Pope, Thompson, Adisson, Otway et surtout Shakespeare ! On n'a pas assez fait remarquer, selon nous, l'influence considérable qu'eut sur le talent de Talma son séjour en Angleterre. Certes, en les transplantant sur la scène française, Talma a *francisé*, si l'on peut s'exprimer ainsi, les héros de Shakespeare. Il les a mis au point en les faisant admirer dans un cadre nouveau. Mais si l'on songe que le théâtre français ne connaissait alors dans le genre sérieux que la tragédie froide et solennelle avec *Monsieur* Larive, imposant mais sévère, majestueux mais monotone; avec Saint-Prix, âme engourdie sous des formes d'athlète, on ne s'étonnera plus de la révolution que devait y faire quelques années plus tard Talma, toujours humain et toujours naturel. N'était-ce pas à Londres, par la fréquentation continuelle du théâtre de Shakespeare et par l'audition des premiers tragédiens anglais, qu'il était à même de comprendre, qu'il avait appris le secret de la mélancolie d'Hamlet et des jalouses fureurs d'Othello?

Jean Monnet, ancien directeur de l'Opéra-Comique, avait essayé vainement d'établir un théâtre français à Hay-Market. Mais si les habitants de la Cité ne voulaient pas des *comédiens de Paris*, la noblesse de West-End se portait avec empressement aux représentations des petites comédies françaises que quelques-uns de nos jeunes compatriotes jouaient dans des salons particuliers. Le jeune Talma, comme vous pouvez croire, ne tarda pas à se joindre à ces *comédiens amateurs* et y fit jouer la tragédie. Un succès de vogue immense couronna cette société dramatique, et plus spécialement Talma; et le prince de Galles en personne, le futur Georges IV, ne dédaigna pas de venir donner le signal des applaudissements. C'est que ce prince, fort éclairé dans les arts, jouissait pour la première fois d'un spectacle inattendu pour lui. Jusqu'à présent, en véritable habitué et connaisseur du théâtre anglais, il n'avait vu dans nos tragédies qu'une monotonie compassée. Pour la première fois, il avait entendu Néron, Brutus et Œdipe parler un langage humain. Bien plus, il les avait vu agir, s'agiter et marcher comme des êtres vivants. Il s'y reconnaissait enfin : il avait cru entendre Shakespeare s'exprimant en français.

Quelques jours après lord Harcourt allait trouver le père de Talma et l'engageait à destiner son fils au théâtre anglais. On lui offrait de débuter à Drury-Lane, avec la protection du prince. Le père n'était pas fort éloigné de céder à cette tentation, et Talma parlait assez bien l'anglais pour hasarder l'entreprise. Mais des circonstances particulières ayant ramené le jeune Talma à Paris, celui-ci nous fut gardé. Le théâtre français venait de remporter, sans le savoir, une belle victoire sur messieurs nos voisins.

Nous extrayons le passage suivant d'une lettre écrite par l'éminent Regnier, de la Comédie-Française, et qui vient à l'appui de notre dire :

« 137, rue de Rome,
» 8 février 1876.

» Talma, mon cher ami, savait admirablement

» l'anglais; bien souvent, je lui ai entendu parler
» cette langue, qu'alors moi je ne comprenais
» pas. Dans une courte notice sur lui-même, il
» a raconté qu'à Londres lord Harcourt et quelques
» autres grands personnages, frappés de sa dispo-
» sition pour la scène, avaient engagé son père
» à le destiner au théâtre anglais, et il ajoute
» que lui, Talma, parlait assez bien l'anglais pour
» hasarder cette entreprise.

» J'ai le catalogue de vente de ses livres, j'y
» vois beaucoup de livres anglais, et dans le
» nombre :

» *Shakespear's Aromatic Works, with explana-*
» *tory notes, Shakespearian Index, by Sam Ayscangh.*
» *London, 1790. Characters of Shakespear's play,*
» *by W. Hazlitt;* et d'autres encore.

» Avons-nous besoin, après cela, de nous
» demander si un tragédien comme Talma, ins-
» truit, lettré, parlant l'anglais, ayant vécu à
» Londres, et ayant à jouer en français : *Macbeth*,
» *Hamlet* et *Othello*, n'a pas dû éprouver le besoin
» de recourir aux sources mêmes de ses rôles, et
» de lire et d'étudier et de s'imprégner de Shakes-
» peare, ce qu'il ne pouvait bien faire que dans la
» langue même du poète (1) ? »

(1) Cette lettre se trouvait parmi les autographes mis en
vente par M. Alfred Bovet, et a été reproduite dans le journal

Les circonstances particulières auxquelles nous avons fait allusion au sujet du retour en France de Talma tenant plus du roman que de l'histoire, nous nous bornerons à renvoyer le lecteur désireux de les connaître aux *Mémoires historiques et critiques sur F.-J. Talma,* par M. Regnault-Warin. Elles n'y tiennent pas moins de quinze pages. Qu'il vous suffise de savoir, si l'histoire est vraie, que les beaux yeux de Talma furent les premiers coupables, et que l'imprudence ou la fantaisie d'une princesse de sang royal fit le reste. Voilà donc le départ précipité de Talma et son retour en France expliqués. La chronique scandaleuse ne nous a-t-elle pas servi encore un plat de cette façon il y a quelque trente ans ? L'aventure se passait aussi dans un pays du Nord, seulement il n'y avait pas de détroit à traverser.

Notons cependant la version donnée par madame veuve Talma (Caroline Vanhove) dans ses *Mémoires,* version qui diffère absolument de la précédente : « Talma serait resté près de son père,
» qui, à cette époque, faisait fort bien ses affaires
» (car il était un des premiers dentistes de Londres),
» si des dissensions, survenues dans la famille,

---

le *Temps* du 25 juin 1885. Il y a quelques années, Fechter jouait en anglais. De nos jours, Mlle Marie Rose chante en cette langue, et Mlle Rhéa, que nous avons connue au Vaudeville, remporte de nombreux succès sur les scènes américaines.

» n'eussent ramené Mme Talma, sa mère, à
» Paris; il l'y suivit. » Le fait d'ailleurs n'a que
peu d'importance en lui. Arrivons aux débuts de
Talma à Paris.

III

DÉBUTS DE TALMA

De retour à Paris, le jeune Talma alla loger chez un de ses oncles, dentiste aussi, rue Mauconseil. C'est là qu'il exerça encore pendant dix-huit mois la profession que son père lui avait enseignée. Le Conservatoire de déclamation, ou, pour être plus exact, l'*École royale dramatique* venait d'être ajoutée à l'École de chant depuis le 18 juin 1786. Talma s'y fit admettre le 13 juillet de cette même année, après avoir récité le rôle de Xipharès de *Mithridate*. On peut donc dire, sans faire d'à peu près, que Talma fut un des premiers, sinon le premier élève inscrit pour les classes de déclamation du Conservatoire, et, tout en continuant sa profession de dentiste, il en suivit les cours jusqu'au 31 mai 1788. Pendant cet espace de temps il ne répéta pas moins de 180 rôles.

Dugazon passe pour avoir été le maître de Talma; puis on a cité Molé. La vérité est que

Dugazon faisait la classe le mardi, Molé le jeudi, et Fleury le samedi. Talma n'a donc pas été l'élève de Dugazon spécialement, pas plus que de Molé. Il suivit les cours de Dugazon, de Molé et de Fleury.

Il existait alors à Paris un petit théâtre bâti au Marais par Doyen. Doyen était un ancien peintre décorateur qui ne manquait pas de talent, et qui portait le goût du théâtre jusqu'au fanatisme. Il avait ouvert un petit spectacle bourgeois rue Notre-Dame-de-Nazareth. Ami de Molé, de Fleury, de Vanhove, Doyen recevait dans son théâtricule tous les artistes en renom de l'époque qui venaient là pour voir s'essayer les débutants. Le nombre des jeunes acteurs qui ont commencé chez Doyen est incalculable. Ils s'appelaient Menjaud, Samson, Ligier, Bocage, Beauvallet, Lemesnil, Bouffé, Arnal, etc. C'étaient Mlles Fitzelier, Brohan et Paradol (1). C'est là aussi que Talma parut pour la première fois devant le public parisien. Le rôle d'Oreste dans *Iphigénie en Tauride* fut une première révélation pour ses maîtres.

Ce qui frappait tout d'abord chez Talma, au

---

(1) Le théâtre Doyen ne resta pas toujours rue Notre-Dame-de-Nazareth. Il se transporta plus tard rue Transnonain, dans la maison même où se passa un drame sanglant connu sous le nom d'*Affaire de la rue Transnonain* (13 avril 1832).

dire de ceux qui ont pu le voir à cette époque, c'était la régularité de ses traits, la grâce de son maintien et la chaleur de son débit. De son débit, nous ne pouvons parler que par tradition ; mais quant à sa figure, il est certain qu'aucun acteur, qu'aucun tragique ne nous en offrit une semblable. Nous possédons de nombreux portraits de Talma, et, à toutes les époques de sa vie, c'est de la beauté sculpturale, c'est le type par excellence de la médaille antique, c'est César en personne descendu de son piédestal.

On a dit que Talma avait débuté à la Comédie-Française quinze jours après son entrée au Conservatoire. C'est là une erreur grossière qu'il ne faut pas laisser s'accréditer. Ce serait à désespérer tous nos jeunes candidats au théâtre de la rue de Richelieu. Rassurez-vous, jeunes gens, s'appelât-on Talma, il faut s'asseoir sur les bancs de l'école. Nous avons dit déjà plus haut que Talma eut pour professeurs Molé, Dugazon et Fleury pendant deux ans, et nous vous avons donné les dates. Eh! bien, son début à la Comédie-Française eut lieu le mercredi 21 novembre 1787, c'est-à-dire dix-sept mois après sa réception au Conservatoire, dont il continuait cependant à suivre les cours.

Les débuts de Talma à la Comédie-Française furent modestes. Il joua Seïde de *Mahomet*, rôle qu'il tint encore le 25 du même mois. Le 27 il joua le jeune Bramine dans la veuve du *Malabar*, le 29 Euphémon de l'*Enfant prodigue* et Valère de l'*École des maris*. Il continua ainsi ses débuts dans des rôles divers jusqu'au 26 décembre, et fut reçu comme pensionnaire. Le jeune acteur n'avait pas obtenu un triomphe, c'est vrai, mais un honorable succès. Le principal pour lui était d'avoir un pied dans la maison.

Mais il arriva à Talma ce qui arrive encore de nos jours à la plupart de nos débutants. Les premiers emplois étaient tous occupés, et les chefs de file n'étaient pas disposés à céder facilement la place aux nouveaux venus. De plus, Talma n'avait été reçu que pour les *troisièmes rôles*, et dame! lorsqu'il apparaissait en public, à de rares intervalles, ce n'était guère que pour débiter quelques vers sans importance, ou tenir le rôle d'un modeste confident.

Les critiques dramatiques sont rares à cette époque. On s'occupait plutôt des pièces que des acteurs; c'est pourquoi le lecteur sera peut-être bien aise de connaître l'opinion formulée par les Mémoires de Bachaumont au sujet de ses débuts. « Il a
» eu du succès dans le tragique et le comique. Il
» joint aux dons naturels une figure agréable, une
» voix sonore et sensible, une prononciation pure
» et distincte. Il sent et fait sentir l'harmonie des
» vers, son maintien est simple, ses mouvements
» sont naturels. Surtout il est toujours de bon
» goût et n'a aucune manière. Il n'imite aucun

» acteur, et joue d'après son sentiment et ses
» moyens. »

M. Regnault-Warin, qui a entendu Talma pendant vingt-cinq ans, se récrie au sujet de la voix sonore : « Jamais, à notre avis, dit-il, il n'eut la
» voix sonore, mais dans le médium elle était
» pénétrante, légèrement vibrante, sensible, et par
» conséquent tragique. Les voix de la nature de
» celles de MM. Larive et Desmousseaux ont rare-
» ment cette dernière qualité : elles sont trop
» belles. » Nous croirions plutôt M. Regnault-Warin.

D'autre part, voici ce qu'imprimait le *Journal de Paris :* « Le jeune homme qui a débuté hier par
» le rôle de Seïde annonce les plus heureuses
» dispositions; il a, d'ailleurs, tous les avantages
» naturels qu'il est possible de désirer pour l'em-
» ploi des jeunes premiers : taille, figure, organe;
» et c'est avec justice que le public l'a applaudi. »

Cependant l'inactivité pesait à Talma. Depuis deux ans déjà il était là, rongeant son frein, ne représentant jamais que des personnages effacés, et sans aucune occasion de se faire valoir. Dans cet intervalle de temps, il s'était lié d'une amitié solide avec le peintre David. Une même passion devait rapprocher ces deux talents : l'amour de l'antiquité. Alors Talma allait s'asseoir dans l'atelier de David, et c'étaient des entretiens sans fin sur l'histoire, les monuments, les costumes et les usages des Romains et des Grecs; c'est ainsi que le jeune tragédien rêva d'accomplir au théâtre la réforme du costume, que le peintre imposait déjà dans ses tableaux. Mais comment, lui, simple pensionnaire de la Comédie, obscur confident de second plan, aller dicter des lois à l'auguste aréopage, imbu des vieilles idées?

Pour être juste, nous devons dire que l'absurdité des costumes de théâtre alors adoptés avait déjà frappé Mlle Clairon, Lekain et Mme Saint-Huberty. Marmontel s'était aussi risqué à présenter quelques observations soit dans le *Mercure* et dans l'*Encyclopédie* (dictionnaire de littérature), soit dans ses *Éléments de littérature*. Larive enfin avait compris tout le ridicule qu'il y avait à jouer César en habit de satin et en perruque poudrée, et il avait usé de son ascendant sur Mlle Clairon pour hâter la révolution du costume. Mais les quelques changements bien légers, apportés timidement par les comédiens que nous venons de citer, ne faisaient guère que de constituer d'épouvantables anachronismes à ajouter aux autres. Il est vrai que les connaisseurs n'abondaient guère, même au siècle dernier, et que les artistes assez intelligents et consciencieux pour sentir la nécessité de cette réforme manquaient absolument de documents pour se guider.

« La partie des décorations qui dépend des
» acteurs eux-mêmes, nous dit Marmontel, c'est
» la décence des vêtements. Il s'est introduit à cet

» égard un usage aussi difficile à concevoir qu'à
» détruire. Tantôt c'est Gustave Wasa qui sort
» des cavernes de la Dalécarlie en habit bleu cé-
» leste à parements d'hermine, tantôt c'est Pha-
» rasmane qui, vêtu d'un habit de brocard d'or,
» dit à l'ambassadeur de Rome :

>   La nature marâtre, en ces affreux climats,
>   Ne produit, au lieu d'or, que du fer, des soldats.

» De quoi faut-il donc que Gustave et Pharas-
» mane soient vêtus ? l'un de peau, l'autre de fer.
» Comment les habillerait un grand peintre ? Il
» faut donner, dit-on, quelque chose aux mœurs
» du temps. Il fallait donc aussi que Lebrun frisât
» Porus et mît des gants à Alexandre ! C'est au
» spectateur à se déplacer et non au spectacle : et
» c'est la réflexion que tous les acteurs devraient
» se faire à chaque rôle qu'ils vont jouer. On ne
» verrait point paraître César en perruque carrée,
» ni Ulysse sortir tout poudré du milieu des flots. »

Que dirait le bon Marmontel s'il revenait pour assister à une représentation de nos jours ? Aujourd'hui que l'on a poussé jusqu'à l'exagération l'amour du bibelot et le culte de l'accessoire, et qu'un directeur de théâtre ne craint pas de dépenser deux cent cinquante mille francs pour monter une pièce, faisant même copier le moindre objet sur des mosaïques byzantines, si la pièce se passe à Byzance.

Où êtes-vous paniers des dames grecques et romaines? où êtes-vous chapeaux à grands panaches pour Mithridate et pour Auguste? où êtes-vous enfin manchettes et gants à franges pour les héros de l'antiquité ?

IV

RÉFORME DU COSTUME

Mlle Clairon, secondée par Lekain, avait donc été la première à s'affranchir de l'ancien usage, et le 20 août 1755 les actrices avaient paru, pour la première fois, sans paniers. Mais que les costumes étaient encore loin de la vérité! Gengis-Kan, il est vrai, n'avait plus de chapeau emplumé, mais il restait coiffé à la française avec des boucles frisées et de la poudre ; Zamore et Tancrède avaient des cadenettes couleur de rose. Les hanches postiches furent établies; les Romaines avaient des corsets lacés, des robes de satin et de longues écharpes.

Larive osa supprimer les grands cheveux. Il déplut à la cour et à la ville. Il supprima les hanches : on lui dit qu'il avait l'air d'une guêpe. Enfin il essaya d'habiller Guillaume Tell, Philoctète et Achille d'une façon plus conforme à leur époque et à leur caractère. Il fit mouler quelques casques qui furent conservés. Enfin un sieur

Maillot inventa un vêtement auquel il laissa son nom, et qui vint remplacer avantageusement les vêtements de taffetas couleur de chair.

D'un autre côté, Mme Saint-Huberty, artiste célèbre de l'Opéra, avait essayé d'introduire sur cette scène la réforme du costume. Une fois déjà, dans un ouvrage dont la scène se passait en Thessalie, elle avait parue vêtue d'une longue tunique de lin attachée sous le sein, les jambes nues et chaussées d'un brodequin antique. Mais le lendemain il vint des ordres supérieurs qui défendirent à Mme Saint-Huberty de reparaître sous ce costume.

« Je viens de commander l'habit de Mme Saint-Huberty, mais cela est terrible ! » écrit M. de la Ferté au ministre, le 10 décembre 1783. Il s'agissait de l'habit de Didon. Mme Saint-Huberty n'avait pas renoncé à ses réformes. Le goût s'épurait chaque jour ; Lekain et Mlle Clairon avaient tracé la route à suivre. Larive avait servi de trait d'union entre Lekain et Talma. Enfin Diderot, si passionnément épris de la vérité au théâtre, s'écriait à propos de son *Fils naturel* : « Je ne me lasserai pas de crier à nos Français : la vérité ! la nature ! les Anglais ! Sophocle, Philoctète ! » et plus loin : « Des habits vrais, des discours vrais, une intrigue simple et naturelle. »

Nous avons dit que Talma se consumait dans son inaction. Encouragé par David et par les véritables connaisseurs, il résolut de faire parler de lui. Du reste, pendant son séjour en Angleterre n'avait-il pas assisté aux innovations de mistress Bellamy et de Macklin, et surtout du célèbre Kemble, le plus grand tragédien dont puisse s'enorgueillir la scène anglaise ?

Il est assez curieux d'entendre Talma lui-même expliquer sa pensée au sujet de l'exactitude du costume au théâtre. « Lekain avait sans doute re-
» gardé la fidélité du costume comme une chose
» fort importante. On le voit par les efforts qu'il
» fit pour le rendre moins ridicule qu'il ne l'était
» alors : en effet, la vérité dans les habits comme
» dans les décorations augmente l'illusion théâ-
» trale, transporte le spectateur au siècle et au
» pays où vivent les personnages représentés.
» Cette fidélité fournit même à l'acteur les moyens
» de donner une physionomie particulière à cha-
» cun de ses rôles. Mais une raison bien plus
» grave encore me fait regarder comme vérita-
» blement coupables les acteurs qui négligent
» cette partie de leur art. Le théâtre doit offrir à
» la jeunesse, en quelque sorte, un cours d'his-
» toire vivante, et cette négligence ne la dénature-
» t-elle pas à ses yeux ? N'est-ce pas lui donner
» des notions tout à fait fausses sur les habitudes
» des peuples et sur les personnages que la tra-
» gédie fait revivre ? Je me rappelle très bien que
» dans mes jeunes années, en lisant l'histoire,

» mon imagination ne se représentait jamais les
» princes et les héros que comme je les avais vus
» au théâtre. Je me figurais Bayard élégamment
» vêtu d'un habit de couleur chamois, sans barbe,
» poudré, frisé comme un petit maître du dix-
» huitième siècle. Je voyais César serré dans un
» bel habit de satin blanc, la chevelure flottante
» et réunie sous des nœuds de rubans. Si parfois
» l'acteur rapprochait son costume des vêtements
» antiques, il en faisait disparaître la simplicité
» sous une profusion de broderies ridicules, et je
» croyais les tissus de velours et de soie aussi
» communs à Athènes et à Rome qu'à Paris ou à
» Londres. Lekain ne parvint à faire disparaître
» qu'en partie le ridicule des vêtements que l'on
» portait alors au théâtre, sans pouvoir établir ceux
» qu'on y devait porter. A cette époque, cette
» sorte de science était tout à fait ignorée, même
» des peintres. Les statues, les manuscrits anciens
» ornés de miniatures existaient comme aujour-
» d'hui, mais on ne les consultait pas. C'était le
» temps des Boucher et des Vanloo, qui se gar-
» daient bien de suivre l'exemple de Raphaël et
» du Poussin dans l'agencement de leurs drape-
» ries. Ce n'est que lorsque notre célèbre David
» parut, qu'inspirés par lui les peintres et les sculp-
» teurs, et surtout les jeunes gens parmi eux, s'oc-
» cupèrent de ces recherches. Lié avec la plupart
» d'entre eux, sentant toute l'utilité dont cette

» étude pouvait être au théâtre, j'y mis une
» ardeur peu commune : je devins peintre à ma
» manière. J'eus beaucoup d'obstacles et de pré-
» jugés à vaincre, moins de la part du public que
» de la part des acteurs; mais enfin le succès cou-
» ronna mes efforts, et, sans crainte que l'on m'ac-
» cuse de présomption, je puis dire que mon
» exemple a eu une grande influence sur tous les
» théâtres de l'Europe. Lekain n'aurait pu sup-
» porter tant de difficultés : le moment n'était pas
» venu. Aurait-il hasardé les bras nus, la chaus-
» sure antique, les cheveux sans poudre, les lon-
» gues draperies, les habits de laine ? Cette mise
» sévère eût été alors regardée comme une toi-
» lette fort malpropre, et surtout fort peu décente.
» Lekain a donc fait tout ce qu'il pouvait faire, et
» le théâtre lui en doit de la reconnaissance. Il a
» fait le premier pas, et ce qu'il a osé nous a fait
» oser davantage. »

Ce fut au commencement de l'année 1789 et dans la tragédie de *Brutus*, où il jouait le petit rôle du tribun Proculus, que Talma, vêtu d'un costume fidèlement calqué sur les habits romains, osa se montrer en public. Nous disons osa, car c'était une véritable audace en effet que de paraître sur la scène de la Comédie-Française avec une véritable toge romaine, une chevelure et une chaussure romaines. Et lorsque, descendant de sa loge, il entra ainsi vêtu dans le foyer des comédiens, le jeune novateur fut hué par tous ses camarades. L'un d'eux lui demanda s'il avait mis des draps mouillés sur ses épaules, et la charmante Louise Contat, ne croyant pas assurément si bien dire, poussa ce cri devenu légendaire : « Qu'il est laid ! il a l'air de ces vieilles statues. » Talma, pour toute réponse, déroula un croquis de David qui lui avait servi de modèle pour s'habiller.

Quant au public, étonné, abasourdi d'abord de ce qu'il voyait pour la première fois, il demeura un instant en suspens, puis se mit à applaudir. La cause de Talma était gagnée.

Talma peut donc passer à juste titre comme un des principaux réformateurs du costume. Toute sa vie il ne cessa de travailler à l'exactitude du costume. Tantôt ce sont des dessins qu'il demande à David ou aux peintres en renom ; tantôt ce sont des gravures, des tableaux, des statues, des bustes qu'il consulte. Il fouille sans relâche les cabinets d'estampes, les musées. Il va juqu'à emprunter aux conservateurs des objets qu'il emporte chez lui pour les étudier de plus près, comme le prouve l'autographe suivant que nous avons copié aux archives nationales (1) :

« Ce jourd'hui onze fructidor de l'an IIe de la
» République française une et indivisible, les
» citoyens Varon et Picault, membres de la com-

---

(1) *Archives nationales*, Cote A E II, n° 1420 *bis*.

» mission temporaire des arts, se sont présentés en
» vertu de pouvoirs à eux confiés pour réclamer
» un pied de marbre antique chaussé, qui m'avait
» été prêté par le c^n Monges, garde du cabinet
» d'antiquités de la ci-devant église Sainte-Gene-
» viève : lequel pied je promets renvoyer demain
» au conservatoire du muséum des arts, avec un
» casque espagnol que je leur ai de plus déclaré
» appartenir au même cabinet.
» Paris, ce onze fructidor, l'an IIe de la Rép.
» franç. une et ind.

» Franç. TALMA. »

Talma fut nommé sociétaire le 1er avril 1789, mais pour jouer seulement les troisièmes rôles. La clôture annuelle avait eu lieu le 28 mars par *Rodogune* et *le Legs*. En deux ans il ne lui avait été permis que de créer quatre rôles : Cléandre dans *La jeune épouse* de Cubières. — (4 juillet 1788.)

Le chevalier Tristan, dans *Linval et Viviane* de Murville. — (13 septembre 1788.)

Le comte d'Orsange dans *le Présomptueux* de Fabre d'Églantine. — (7 janvier 1789.)

Le garçon anglais dans *les Deux Pages* de Dezède. — (6 mars 1789.)

V

DISCOURS DE RÉOUVERTURE

Le théâtre rouvrit ses portes le 20 avril par *Athalie* et *la Matinée à la mode*, de Rochon de Chabannes. Suivant l'ancien usage qui consistait à adresser une harangue au public à la clôture d'avant Pâques et une autre à la réouverture, Talma, en qualité de sociétaire le plus nouvellement reçu, fut chargé de venir avant la première pièce débiter un discours. Celui-ci avait le mérite d'avoir été composé par Chénier, et par extraordinaire n'était point un compliment. C'est qu'il se passait au dehors des événements graves ; déjà les masses populaires commençaient à s'agiter. La bourgeoisie ne craignait plus de se tourner ouvertement contre la cour. On en était aux signes précurseurs qui annoncent les grandes tempêtes. L'émeute était presque à la porte du théâtre, les fameux *brigands* faisaient leur apparition dans la rue, et sept jours plus tard, le 27 avril, la populace incendiait la maison Réveillon au faubourg Saint-Antoine.

Après la hardiesse du costume, voici venir la hardiesse du langage. Le discours suivant passa donc pour une témérité, et ce n'est pas sans une émotion visible que Talma s'avança vers la rampe et s'exprima ainsi :

« Messieurs,

» C'est à la faveur d'un art difficile et qui vous
» est cher, qu'en rouvrant le théâtre de la Nation,
» nous osons réclamer vos encouragements et votre
» indulgence. Chargés par état de reproduire sous
» vos yeux, du moins autant que nos efforts peu-
» vent y atteindre, les chefs-d'œuvre nombreux
» de la scène française, nous voyons, avec une
» espèce d'effroi, l'étendue de nos devoirs et de
» nos richesses. Quel théâtre que celui qui fait les
» délices d'un grand peuple doué d'une sensibilité
» exquise, que l'honneur anime dans toutes les
» classes, qui porte l'admiration jusqu'à l'en-
» thousiasme, et qui interrompt quelquefois son
» plaisir même dans la noble impatience d'ap-
» plaudir tout ce qui porte le caractère de l'hé-
» roïsme et de la vertu !

» S'il est vrai, Messieurs, que les productions
» dramatiques dont s'honore la France soient une
» acquisition précieuse pour toute l'Europe; s'il

» est vrai qu'elles fassent une partie de l'éducation
» publique, et même une branche de la gloire
» nationale, avec quelle ardeur ne devons-nous
» pas cultiver un art qui nous appelle à vous pro-
» curer le plus noble et le plus utile des plaisirs
» de l'esprit humain ; un art qui nous associe en
» quelque sorte à tout ce que le génie inspira de
» plus grand et de plus heureux à ces hommes
» extraordinaires qui vous parlent par notre organe,
» qui semblent se ranimer encore sur la scène, et
» sentir l'immortalité au bruit de vos acclamations
» et de vos suffrages !

» * Jamais ces suffrages ne deviennent plus pré-
» cieux, jamais nous ne devons plus désirer ces
» acclamations, que quand les uns et les autres,
» après avoir été les témoignages du bon goût,
» sont encore la preuve du bon sens et l'expression
» de l'esprit public. Et dans quel temps, Messieurs,
» sera-t-il permis de prononcer ce mot, et de le
» proclamer devant une nombreuse assemblée,
» si ce n'est dans celui où, à la voix d'un prince
» populaire, la patrie renaît, et voit se réunir
» autour de son berceau toutes les vertus du ci-
» toyen ? Vous le savez, Messieurs, le tableau de
» toutes ces vertus se reproduit chaque soir à vos
» yeux dans les ouvrages dont nous sommes les
» interprètes, comme le germe de ces mêmes vertus
» était dans l'âme et le talent de leurs illustres
» auteurs. Qu'il nous soit donc permis de nous

» associer à leur triomphe qui, d'ailleurs, est
» encore plus le vôtre, Messieurs, par la confor-
» mité de vos sentiments avec les leurs * (1).

» Ici nous sentons redoubler le poids du far-
» deau qui nous est imposé ; mais cette sûreté de
» goût et de jugement qui appartient aux hommes
» rassemblés ; ce noble privilège d'être, pour ainsi
» dire, la raison vivante qui s'explique, au lieu
» de nous effrayer, nous rassurent, parce que
» l'étendue des lumières n'est jamais séparée de
» l'indulgence.

» C'est surtout pour moi, Messieurs, que je
» viens la solliciter. J'ai eu le bonheur inappré-
» ciable de n'avoir débuté dans la carrière que
» sous vos yeux : je n'ai reçu que vos leçons, car
» ceux qui m'ont enseigné ne m'ont donné que
» les vôtres. Me voici maintenant, grâce à vos
» bontés qui ont décidé celles de mes supérieurs,
» attaché au théâtre de la capitale. Nous ne le
» savons que trop, Messieurs, des talents dignes
» de vous sont rares ; le souvenir de nos pertes ne
» nous en avertit que trop tous les jours. Mais
» combien de fois, en daignant attendre l'effet de
» vos leçons et de votre indulgence, n'avez-vous
» pas, Messieurs, créé et développé des talents

---

(1) Le passage de ce discours compris entre deux astéris-
ques fut prononcé, mais non imprimé, comme étant trop
hardi.

» faibles et timides qui ne demandaient qu'à
» éclore? Et n'avez-vous pas fini par applaudir
» vous-mêmes à votre ouvrage, quand nous n'a-
» vions que le bonheur de vous faire jouir de
» vos propres leçons! »

Ce discours, prononcé avec grâce, fut accueilli par les applaudissements du public tout entier. Dès ce moment, les événements vont se précipiter avec une rapidité extraordinaire. Sans la Révolution, il faut bien l'avouer, Talma aurait peut-être végété pendant de longues années à la Comédie-Française; mais, comme il l'écrivit lui-même dans une lettre particulière, « il vit *faire de l'histoire*
» sous ses yeux; il eut devant lui *la tragédie*
» *vivante*, et chaque événement dont il fut le
» témoin lui offrit un sujet de méditation qu'il fit
» tourner au profit de son art. »

Les comédiens se jetèrent pour la plupart avec ardeur dans le mouvement révolutionnaire. Le théâtre français était divisé en *avancés* et en *rétrogrades*. C'était le temps où Bordier, acteur des *Variétés-Amusantes*, et justement célèbre dans les arlequins, se faisait l'acolyte de Camille Desmoulins, marchait sur la Bastille, et obtenait une mission révolutionnaire à Rouen, avant de se faire pendre par suite de ses excès. Avant d'en venir aux gros mots et aux voies de fait, on se plaisantait spirituellement au foyer de la Comédie : « Nous nommions, dit Fleury, Dugazon *Aristo-*

» *crâne ;* Molé, qui ne savait pas trop s'il serait
» blanc ou noir, *Aristopie*, et notre brave Laro-
» chelle, qui ne parlait jamais politique sans chan-
» ger deux fois de mouchoir de poche, *Aristo-*
» *crache.* »

C'est dans ces dispositions d'esprit que Marie-Joseph Chénier prit la plume et écrivit sa tragédie de *Charles IX.* Son *Épitre dédicatoire à la nation française*, qui sert de préface à la pièce, montre assez le but de l'auteur :

« Français mes concitoyens, acceptez l'hom-
» mage de cette tragédie patriotique. Je dédie l'ou-
» vrage d'un homme libre à une nation devenue
» libre... Vous avez anéanti l'autorité arbitraire :
» vous aurez des lois et des mœurs. Votre scène
» doit changer avec tout le reste. Un théâtre de
» femmelettes et d'esclaves n'est plus fait pour des
» hommes et pour des citoyens. Une chose man-
» quait à vos excellents poëtes dramatiques : ce
» n'est pas du génie certainement ; ce ne sont
» point des sujets, c'est un auditoire. Dans le
» dernier siècle *Britanicus* avait cinq représenta-
» tions ; *Bérénice* en avait trente. C'est que les
» Français de ce temps-là connaissaient mieux la
» princesse de Clèves que Tacite. »

En voici la péroraison :

« Nation spirituelle, industrieuse et magna-
» nime, vous avez daigné accueillir les prémices
» d'un faible talent qui vous sera toujours consa-

» cré. Soutenez-moi dans la carrière pénible que
» je veux fournir. J'ai désormais pour ennemis
» irréconciliables tous ceux qui devaient leur exis-
» tence aux préjugés, tous ceux qui regrettent la
» servitude. Je dois avoir pour amis tous ceux qui
» chérissent la patrie, tous les véritables Français.
» Vous donnez un grand exemple au monde. Le
» reste de l'édifice féodal va bientôt s'écrouler
» sous les efforts de l'auguste assemblée qui vous
» représente. Votre admirable Constitution est
« fondée sur l'égalité. Nous verrons disparaître
» ces titres, ces distinctions antisociales, ces dif-
» férences absurdes qu'on n'a point rougi de re-
» connaître entre l'homme et l'homme, entre la
» terre et la terre. Si la tyrannie ou l'esclavage
» osent encore se montrer à découvert, que votre
» théâtre en fasse justice, et devienne en tout rival
» du théâtre d'Athènes. Mais c'est à vous, c'est
» à la nation seule qu'il appartient de protéger les
» poëtes citoyens qui descendront dans cette lice
» glorieuse pour terrasser les ennemis de la Na-
» tion. »

VI

LA TRAGÉDIE DE *CHARLES IX*

Charles IX fut présenté à la Comédie-Française. Les comédiens se divisaient alors en deux camps : d'un côté l'*escadre rouge*, qui comptait dans ses rangs Talma, Dugazon et Mme Vestris. De l'autre les *noirs* ou *aristocrates*, tels que Naudet, Saint-Prix, Fleury, Dazincourt, Mmes Contat, Raucourt, Joly et Lange. La tragédie de Chénier fut néanmoins reçue, et le rôle de Charles IX offert par l'auteur à Saint-Fal. Mais celui-ci ayant préféré le rôle du roi de Navarre, celui de Charles IX resta vacant. D'un avis unanime ce rôle était ingrat et sacrifié, et d'autant plus odieux qu'une apostrophe de Mirabeau venait de réveiller contre lui toute l'horreur populaire (1).

(1) « Je vois de cette tribune la fenêtre d'où l'infâme
» Charles IX tirait sur ses sujets, dont le crime était d'ado-
» rer Dieu autrement que lui. »

Talma seul osa se charger d'un rôle dont personne ne voulait, et c'est à cette audace qu'il dût sa renommée.

Charles IX ou la *Saint-Barthélemy* fut représenté pour la première fois le 4 novembre 1789. Cette représentation marquera longtemps dans les annales dramatiques. Toutes les têtes étaient électrisées par la Révolution, et l'on voyait pour la première fois au théâtre un roi français donnant l'ordre de massacrer son peuple. Aussi, avec quel enthousiasme presque sauvage ce parterre, déjà enflammé par les événements, accueillait-il les vers de Chénier, véritable tocsin contre les rois, les prêtres et les nobles.

Quant à Talma, il avait composé avec un art infini son personnage de Charles IX, tantôt faible, hypocrite ou cruel. La scrupuleuse exactitude de son costume et son jeu muet produisirent surtout une impression profonde. On ne lui reprochait que quelques cris, résultat de son inexpérience théâtrale. Empressons-nous de dire qu'il ne tarda pas d'ailleurs à se corriger de ce défaut (1).

---

(1) « Je suis allée hier au Théâtre-Français voir cette pièce de *Charles IX* dont j'avais tant entendu parler; c'est le premier rôle important que Talma ait créé. J'avais un grand désir de connaître cet acteur et de causer avec lui. L'occasion s'en est présentée, et je l'ai saisie avec empressement.

Les trenté-trois premières représentations de *Charles IX* s'étaient passées sans encombre, lorsque des évêques, effrayés de l'influence que cette tragédie pouvait avoir sur le peuple, allèrent trouver le Roi et obtinrent l'interdiction de la pièce. Il n'était pas prudent de laisser voir chaque soir l'amiral Coligny assassiné par ordre du Roi et du clergé.

Mirabeau ne l'entendit pas de cette oreille-là. Loin de partager l'indulgente sollicitude des évêques pour les bourreaux de la Saint-Barthélemy, il résolut d'organiser une petite manifestation. Talma, de son côté, qui n'avait alors que ce rôle où il pût déployer son talent, n'épargnait aucune démarche pour obtenir la reprise de la tragédie de Chénier. Enfin un véritable complot fut organisé à l'instigation avouée de Mirabeau, et à l'instigation non avouée de Talma.

Profitant de la présence des fédérés de la Provence à Paris, où de toutes parts on s'empressait à les fêter et à leur plaire, les députés de Pro-

---

Il a un tel amour pour son art qu'il ne manque aucune occasion de l'exercer ; et comme il joue fort agréablement dans la comédie, on le sollicite souvent de donner des représentations à Versailles et à St-Germain. On vient de Paris pour voir Talma dans les grands rôles qu'il ne joue pas au Théâtre-Français. » (Lettre de Louise Fusil à Mme Dubarry, à Toulouse, 10 mai 1790. — *Souvenirs d'une actrice.*)

vence, Mirabeau en tête, demandèrent aux comédiens français une représentation de *Charles IX*. Nous avons dit que la pièce était interdite par ordre du Roi. On afficha *Épiménide*. Or donc, le 21 juillet 1790, le parterre de la Comédie fut envahi par les fédérés de Provence qui avaient reçu le mot d'ordre avant d'entrer. Dès que la toile fut levée, ils crièrent à tue-tête : *Charles IX !* Trois acteurs sont en scène : ce sont Talma, Naudet et Mlle Lange. Un député avait rédigé sa demande par écrit ; il en fait la lecture ; elle est suivie de nombreux applaudissements, et les cris redoublent : *Charles IX ! Charles IX !* Naudet prend enfin la parole ; il déclare « qu'il est impossible
» de jouer cette tragédie, parce que Mme Vestris
» est malade, et que M. Saint-Prix est retenu par
» un érysipèle à la jambe. »

Les cris continuent de plus belle ; le tapage devient indescriptible. Les Marseillais crient à pleins poumons. On accuse les comédiens de manquer de patriotisme, on les traite d'ennemis de la Révolution. Enfin l'on va en venir aux violences, lorsque Talma s'avance et dit : « Messieurs,
» Mme Vestris est en effet incommodée ; mais je
» puis vous répondre qu'elle jouera et qu'elle
» vous donnera cette preuve de son zèle et de son
» patriotisme : quant au rôle du cardinal, on le
» lira. »

La proposition fut acceptée : Grammont représenta le cardinal, son rôle à la main, Mme Vestris joue le rôle de Catherine de Médicis, et Talma, demandé après la pièce, fut couvert d'applaudissements. La représentation, comme on pense, fut fort orageuse. Une partie des spectateurs ayant voulu rester le chapeau sur la tête, contrairement à l'usage, une bagarre s'ensuivit, et la force armée pénétra dans la salle. On raconte que le fameux Danton, qui se trouvait parmi les spectateurs, fut arrêté dans cette circonstance et conduit à l'Hôtel de Ville.

Mais si la paix avait été faite avec le public, la guerre civile avait éclaté terrible dans le temple de Melpomène, pour nous servir du langage du temps. Naudet, furieux d'avoir été accueilli par des huées, et contredit par Talma, provoqua ce dernier en duel : aucun ne fut blessé. Les comédiens, froissés dans leur amour-propre, blâmèrent la conduite de Talma et l'accusèrent de connivence avec les Provençaux. Il y avait bien un peu de vrai dans cette accusation ; néanmoins il ne pouvait guère l'avouer, et sa justification vaut la peine d'être connue. Voici la lettre qu'il écrivit à ce sujet à Mirabeau :

« Je recours à vos bontés, Monsieur, pour
» me justifier des imputations calomnieuses que
» mes ennemis s'empressent de répandre. A les
» entendre, ce n'est pas vous qui avez demandé
» *Charles IX ;* c'est moi qui ai fait une cabale

» pour forcer mes camarades à donner cette pièce.
» Des journalistes vendus affirment au public
» tout ce que leur malignité leur dicte. Si vous ne
» me permettez de lui dire la vérité, je resterai
» chargé d'une accusation, dont on espère tirer
» parti. Je vous supplie donc, Monsieur, de me
» permettre de détromper le public, que cent bou-
» ches ennemies s'empressent de prévenir contre
» moi.
» *Signé :* Talma. »

Mirabeau répondit :

« Oui certainement, Monsieur, vous pouvez dire
» que c'est moi qui ai demandé *Charles IX*, au nom
» des fédérés provençaux, et même que j'ai vivement
» insisté ; vous pouvez le dire, car c'est la vérité
» et une vérité dont je m'honore. La sorte de
» répugnance que messieurs les comédiens ont
» montrée à cet égard, au moins s'il fallait en croire
» les bruits, était si désobligeante pour le public,
» et même fondée sur des prétendus motifs si
» étrangers à leur compétence naturelle ; ils sont
» si peu appelés à décider si un ouvrage, légale-
» ment représenté, est ou n'est pas incendiaire ;
» l'importance qu'ils donnaient, disait-on, à la
» demande et au refus était si extraordinaire et si
» impolitique ; enfin, ils m'avaient si précieuse-
» ment dit à moi-même qu'ils ne voulaient céder

» qu'au vœu prononcé de la part du public, que
» j'ai dû répandre leur réponse. Le vœu a été
» prononcé et mal accueilli, à ce qu'on assure.
» Le public a voulu être obéi. Cela est assez sim-
» ple, là où il paie, et je ne vois pas de quoi l'on
» s'est étonné. Que maintenant on cherche à
» rendre, vous ou d'autres, responsables d'un évé-
» nement si naturel, c'est un petit reste de ran-
» cune enfantine auquel, à votre tour, vous au-
» riez tort, je crois, de donner de l'importance.
» Toujours est-il que voilà la vérité, que je signe
» très volontiers, ainsi que l'assurance des senti-
» ments avec lesquels, etc., etc.

» *Signé :* Mirabeau l'aîné.

» 27 juillet 1790. »

La version des comédiens ne s'accorde pas, comme bien on pense, avec les déclarations ci-dessus. Pour eux, Talma voulait reprendre son rôle, envers et contre tous, se moquant aussi bien de l'interdiction du Roi et de l'opinion des évêques, que de l'esprit de réaction qui régnait au sein de la Comédie.

A entendre Talma, au contraire, il n'y a rien de sa faute, et c'est Mirabeau qui a tout fait. Aux yeux du public enfin, pour qui toutes ces lettres sont écrites, Mirabeau et Talma ne se connaissaient même pas, et ne se sont nullement entendus à l'avance. Or ils se connaissaient si peu que Mirabeau, comme nous aurons l'occasion de l'expliquer plus loin, demeurait à ce moment même dans une maison appartenant à la femme de Talma. Il n'y a guère lieu de supposer que Talma, qui recherchait avec ardeur toutes les amitiés révolutionnaires, on ne disait pas encore républicaines, et qui avait besoin de protection pour faire reprendre sa pièce favorite, *Charles IX*, ait négligé la fréquentation de Mirabeau. Ce qui nous prouve bien que, dans tous ces récits, il faut en prendre et en laisser. La vérité du reste n'est pas difficile à démêler dans cet imbroglio. Il a été publié plusieurs mémoires au sujet de cet incident. Nous passerons rapidement en revue ce que contiennent ces documents (1).

---

(1) Ce sont : *Exposé de la conduite et des torts du sieur Talma envers les comédiens français.* — Paris, 1790.

Réponse de Franç. Talma au mémoire de la Comédie-Française. — Paris, 1790. — *Réflexions de M. Talma et pièces justificatives sur un fait qui concerne le Théâtre de la Nation.* — Paris, 1790.

Réponse de M. Naudet à une lettre de M. Talma, du 27 octobre 1790, insérée dans *La Chronique*.

VII

TEMPÊTE AU SEIN DE LA COMÉDIE.

Suivant la version des comédiens, au mois d'avril 1790 « le sieur Talma fit composer par
» M. Chénier un compliment tout à fait étranger à l'objet proposé et contraire au vœu de ses
» camarades. Sûr de leur improbation, il ne le leur
» communiqua point, mais le porta, avant tout,
» à M. le Maire, qui manifesta sa surprise de la
» hardiesse avec laquelle les comédiens s'immis-
» çaient dans des choses qui étaient étrangères au
» théâtre, et qui, cependant, croyant que ce discours était approuvé par la Comédie, répondit :
» *Je n'empêche.* »

Alors, toujours suivant la version des comédiens, ceux-ci rejetèrent le discours de Talma, et chargèrent Naudet d'en composer un, qui, soumis à l'examen du Maire, le 12 avril, fut approuvé.

« Le jour de l'ouverture, continuent-ils dans
» leur exposé, et avant le lever du rideau, il

» tomba du cintre et des troisièmes loges une nuée
» d'imprimés; c'était le discours composé par
» M. Chénier, en tête duquel se trouvait une note,
» portant entre autres choses : Les comédiens
» n'ont pas voulu permettre au sieur Talma de
» prononcer ce qu'on va lire. On leur a rendu les
» droits de citoyens, *et ils craignent de parler en
» citoyens*. Quelques personnes de la Comédie-Fran-
» çaise sont tourmentées de vapeurs aristocra-
» tiques,

MAIS AUX GRANDS MAUX LES GRANDS REMÈDES.

» Lorsque Naudet se présenta, le public réclama
» naturellement Talma! le compliment de Talma!
» et le sieur Talma, prévenu de ce qui devait ar-
» river, *habillé* et tenant à la main le compliment
» composé par M. Chénier, voulait s'élancer sur
» la scène, et y serait parvenu sans les vives op-
» positions des personnes qui se trouvaient alors
» près de lui. »

Ce fut Naudet qui prononça le discours d'usage.

Les comédiens abordent ensuite la piquante affaire de *Charles IX*. « Le 21 juillet au soir,
» disent-ils, nouvel embarras. Mme Vestris écri-
» vit aux comédiens qu'un grand mal de gorge
» l'empêcherait de jouer le lendemain dans le
» *Siège de Calais*, » pièce patriotique demandée par les fédérés.

On fut obligé d'y substituer la tragédie d'*Alzire*,

à laquelle on joignit le *Réveil d'Épiménide*. La tragédie d'*Alzire* fut entendue avec silence et intérêt. Entre les deux pièces, la buraliste vint avertir que le domestique de M. Chénier venait de prendre, *en trois fois* pour 96 *livres de billets de parterre;* sur la surprise qu'elle lui témoigna de lui voir prendre autant de billets après la première pièce, il lui répondit que *c'était pour une noce;* elle le vit ensuite entrer chez Chénier, dont la demeure était en face le théâtre.

« Si ce n'était une noce, ajoute en note le mé-
» moire, c'était au moins un festin donné chez le
» sieur Bauvilliers, au Palais-Royal. MM. Palissot,
» Talma, Chénier, Camille Desmoulins et autres
» y avaient assisté, et avaient arrêté ce qu'ils de-
» vaient faire au spectacle. »

C'est alors que se produisirent les réclamations du public, les explications de Naudet, et le démenti donné par Talma. La petite pièce fut jouée sans interruption, mais après le spectacle le tumulte recommença. On se porta dans le petit foyer. « Vous aurez la pièce, Messieurs, dit Talma. Je
» réponds de Mme Vestris et de moi; je vous donne
» ma parole d'honneur de ne jouer aucune pièce
» avant celle de *Charles IX;* et si les comédiens
» s'obstinent à vous la refuser, je vous ferai ouvrir
» les magasins où sont les habits, et nous joue-
» rons la pièce avec vous. »

C'est toujours la relation des comédiens que

nous rapportons. Palissot s'offre pour jouer le cardinal. Une vingtaine de personnes accompagnent Talma chez Mme Vestris. Elles en sortent en se donnant le bras et en chantant : Ça ira; bravo Talma! On entre au café de la Comédie ; on porte un toast à Talma et à Chénier, *les bons patriotes*. On se rend ensuite au Palais-Royal, où Talma, monté sur une table, est porté en triomphe. « Les comédiens, s'écrie-t-on, sont des aristocrates « qu'il faut mettre à la lanterne ! »

Tel est le récit des comédiens. Il ne concorde pas avec celui de Talma. Suivant Talma, en effet, on a distribué ce mémoire contre lui à la porte même du spectacle, et en cela il a été outrageusement calomnié. « Je devais faire le compliment
» d'ouverture, dit-il ; M. Chénier voulut bien le
» composer ; M. le Maire y donna une permission
» verbale. Ce compliment excita dans la Comédie
» de vives réclamations. On m'avait conseillé de
» ne pas y parler de *liberté*. J'avoue que j'aurais
» craint de faire accuser mes camarades et moi
» de tiédeur pour la Révolution, si rien dans ce
» discours n'avait indiqué les sentiments patrio-
» tiques qui nous animent. »

Talma nie absolument que les exemplaires du discours de Chénier aient été jetés des loges ; seulement il reconnait qu'on en a distribué à la porte. Mais ces faits lui sont étrangers. Est-il responsable que l'on ait crié : Talma ! le compliment de

Talma! Est-ce sa faute si les députés provençaux ont prié Mirabeau de demander *Charles IX*? Il ne nie pas avoir dîné au Palais-Royal en compagnie de Chénier et de Palissot. Faut-il donc en conclure qu'on y arrêta ce qu'on devait faire à la Comédie?

« J'ai répondu pour ma société sans avoir son
» aveu, dit-il dans sa défense; c'est mon seul
» tort, je le confesse, et mon zèle m'a emporté
» trop loin; mais un excès de zèle n'est point
» une trahison. » Enfin Talma nie les scènes du foyer et du Palais-Royal. « Le jour de la représen-
» tation, je fus demandé après la pièce. Le pu-
» blic me combla de bontés; c'est la seule jouis-
» sance que j'aie goûtée depuis cette époque
» fatale. »

Naudet, ne pouvant venir à bout de son adversaire, eut alors recours aux plus basses calomnies; c'est ainsi qu'il alla réveiller je ne sais quelle histoire de corps de garde, prétendant qu'à l'époque de la Révolution, c'est-à-dire au 14 juillet 1789, il avait fallu rechercher Talma, et qu'on l'avait trouvé *retranché* très habilement dans un poste qui ne pouvait être le sien. Bref, il insinuait méchamment que Talma s'était caché dans un *grenier*. Singulier mode de discussion pour une affaire théâtrale. Alors Talma eut à cœur d'éclaircir cette ténébreuse affaire. On va chercher des témoins pour et contre. C'est d'abord le capitaine des chasseurs Lerouge, qui intervient par une lettre en date du 12 octobre. Il déclare que Talma n'est plus de sa compagnie; que du temps qu'il y était, il n'a fait aucun service extraordinaire, qu'il a passé la nuit du 31 juillet au premier août 1789 au corps de garde, et encore le 26 août suivant. Mais qu'il ne sait rien de particulier.

Saint-Prix, invoqué par Naudet, arrive en témoignage à son tour. Le 15 juillet 1789, Naudet commandait le poste du Théâtre-Français. On annonce l'apparition des hussards rue de la Harpe. Naudet dépêche vingt-trois hommes, parmi lesquels se trouvaient Talma et Saint-Prix. Il leur donne l'ordre de passer au quartier général, à l'hôtel de Tours, rue du Paon, pour prendre du renfort. A peine étaient-ils entrés dans l'hôtel que la sentinelle crie : aux armes ! voilà les hussards ! Arrivé rue Hautefeuille, Saint-Prix se retourne et n'avait plus que cinq hommes. Il revient au quartier et trouve Talma dans l'embrasure d'une fenêtre de l'escalier de l'hôtel de Tours. — Que fais-tu là ? lui dit-il. Et Talma lui répond qu'il s'apprêtait à tirer par la fenêtre. C'est la fenêtre que Naudet travestit en grenier. Quelle singulière façon de soutenir une polémique ! Mais passons.

Cependant, même après la justification de Talma par Mirabeau, les discussions intestines n'étaient pas apaisées. Chénier, comme auteur de la pièce, avait pris parti pour Talma contre Naudet, naturellement. Voici ce qu'il écrivait à ce sujet :

« Je viens de lire dans le dernier numéro des
» *Révolutions de France et de Brabant* : *le sieur*
» *Naudet va gênant* la liberté du théâtre, frappant
» MM. Talma, Chénier, etc. Ce fait est très faux
» pour ce qui me concerne : si l'homme dont il
» s'agit s'est permis quelque violence contre un
» citoyen quelconque, ce citoyen pouvait user à
» l'instant du droit qu'un homme attaqué a sur
» la vie d'un *assassin*. Il pouvait encore recourir
» aux tribunaux; selon les anciennes lois, un
» pareil délit est puni par une peine ignominieuse
» et corporelle. Dans un pays libre, la loi ne doit
» pas être moins sévère, car il n'est point de liberté
» civile, si la sûreté des citoyens est à la merci des
» brigands.

» Pour moi, Messieurs, assailli depuis long-
» temps et de libelles et de lettres anonymes, honoré
» par les outrages de cette foule d'hommes mépri-
» sables, autant que par les éloges des amis de
» la liberté, je n'ai opposé à de viles calomnies
» que ma conduite et mes ouvrages; mais ces
» armes sont insuffisantes contre des *assassins*, et
» je me suis vu contraint de porter des pistolets
» pour ma défense personnelle, du moment où
» *Charles IX* m'a fait des ennemis de tous les vils
» esclaves, du moment où plusieurs de ces vils
» esclaves, abusant du sommeil des lois et de la

» pusillanimité des magistrats, se sont vantés
» publiquement d'être devenus des *coupe-jarrets*.

» *Signé :* Marie-Joseph CHÉNIER. »

Cette lettre ne serait pas signée et ne renfermerait aucun nom propre qu'il ne serait pas difficile de découvrir à quelle époque elle appartient. C'est l'époque des *tyrans* et des *esclaves*, des *jougs à secouer*, des *chaînes à briser*, des *vils brigands* et des *lâches assassins*. Etrange fatras révolutionnaire dont les gens les plus sensés de ces temps troublés ne purent jamais se dépêtrer !

Talma se mit aussi de la partie, et écrivit cette lettre qui fut publiée dans les journaux :

« Comme il est bon de faire connaître la vérité
» sur tous les faits, quelque peu importants qu'ils
» puissent être, permettez-moi d'avoir recours à
» votre journal pour prévenir une erreur à
» laquelle l'avant-dernier numéro des *Révolutions*
» *de France et de Brabant* peut donner lieu, en
» racontant un fait sans entrer dans aucun détail.
» Il est dit dans ce numéro que le *sieur Naudet va*
» *gênant la liberté du théâtre, frappant MM. Ché-*
» *nier et Talma*. M. Chénier a eu l'honneur de
» vous écrire pour ce qui le concerne : quant à
» moi, je suis loin de nier le fait qui me regarde.
» Il y a environ six mois que, le jour d'une repré-
» sentation de *Tancrède*, au moment de lever la

» toile, le sieur Naudet, sans avoir été provoqué
» en aucune manière, s'abandonna à un excès de
» brutalité sans exemple chez les hommes dont
» la raison n'est pas aliénée ; mais je fis alors ce
» qu'il convenait que je fisse pour mettre un
» homme à l'abri de tout reproche ; néanmoins,
» connaissant la haine des noirs (1) de la Comé-
» die-Française et leurs habitudes, et prévoyant
» d'ailleurs que l'incompatibilité des humeurs et
» des opinions ferait naître de nouveaux sujets de
» querelle, je pris le parti, comme beaucoup de
» gens raisonnables, de marcher assez bien armé
» pour prévenir toute insulte, ou pour la repous-
» ser de manière à dégoûter les spadassins d'une
» seconde tentative. Depuis ce temps, il n'a pris
» fantaisie à aucun d'eux de me provoquer à nou-
» veau. Voilà, Messieurs, l'exacte vérité. Je vous
» supplie de vouloir bien la faire connaître au
» public.

》 *Signé :* Talma. 》

(1) On appelait les *noirs* les députés de l'Assemblée Nationale qui s'opposaient à toutes les réformes nouvelles, l'*ex-
trême-droite* de nos jours.

VIII

EXCLUSION DE TALMA.

La situation de Talma ne devenait plus possible au sein de la Comédie. Les sociétaires se rassemblent pour délibérer sur les mesures à prendre relativement au rebelle. « Messieurs, dit Fleury en entrant » au comité, je vous dénonce une conspiration » contre la Comédie-Française. » Dans ce moment, Dugazon ouvre la porte, entend la première phrase du discours de Fleury, et, prenant la voix rauque des colporteurs de journaux, il s'écrie : « Voilà la » grande conspiration découverte, c'est du curieux, » c'est du nouveau ! » Les rires éclatent de toutes parts, mais le calme se rétablit bientôt, et l'exclusion de Talma est votée à la presque unanimité des voix.

Fleury, dans ses *Mémoires*, conteste cependant l'exactitude de ces faits. « Une erreur s'est glissée » dans l'*histoire du Théâtre-Français pendant la Révolu-* » *tion*, écrit-il. Les deux écrivains à qui nous devons

» cet ouvrage, d'ailleurs si estimable, ont eu de mau-
» vais renseignements sur un fait qui me concerne
» et qui est aussi relatif à Dugazon. » C'est-à-dire que
selon Fleury, il ne fut point dénoncé de conspiration, et que Dugazon ne fit point de lazzi. Fleury
reconnaît bien que la discussion fut sérieuse, que
Dugazon défendit avec force la cause de Talma,
mais que cette cause eut de la peine à prévaloir.
« Pour nous, déclare Fleury, Talma était alors un
» mauvais associé; nous l'attaquions franchement
» en prose bourgeoise. Nous devions croire que
» son existence à la Comédie-Française nous com-
» promettait. »

La nouvelle de cette exclusion est bientôt connue aux quatre coins de Paris. La jeunesse pétu-
lante des écoles et les braves patriotes ne laisse-
ront pas partir ainsi sans protester leur tragédien
favori, si justement célèbre depuis sa création de
Charles IX. « Nous pensions que Talma avait des
» partisans, dit Fleury. Nous découvrîmes qu'il
» avait tout un peuple. » On proclame bien haut
que les comédiens sont des *aristocrates*, des *incivi-
ques*. Il n'est question dans les cafés et dans les
clubs que du renvoi de Talma prononcé par les
sociétaires du Théâtre-Français. La guerre est dé-
clarée aux comédiens.

Le 16 septembre est choisi pour le jour de la lutte.
Les sifflets sont distribués à l'avance. La toile se lève,
et un cri s'échappe aussitôt de toutes les poitrines :

Talma ! Talma ! Le petit nombre d'amis que les comédiens comptent dans la salle est réduit au silence par les vociférations des mécontents. Enfin l'on se décide à faire une annonce au public : les comédiens demandent jusqu'au lendemain pour rendre compte des motifs qui empêchent Talma de paraître. Pourquoi jusqu'au lendemain ? Pour apaiser le tumulte momentanément et gagner vingt-quatre heures.

On sentait bien que la partie n'était que remise. Le lendemain, la foule fut encore plus considérable que la veille. La salle est partagée en deux camps bien distincts : d'un côté les partisans de Talma, de l'autre les partisans des comédiens. On s'observe, on se regarde. Il y a de l'orage dans l'air, et des coups de poing en réserve. Bailly, le maire de Paris, qui devait périr si malheureusement quelque temps après, s'est ému de tout ce désordre. Recherchant un terrain de conciliation et voulant contenter tout le monde, il a conseillé aux comédiens de jouer encore provisoirement avec Talma, jusqu'à ce que la municipalité pût statuer sur l'affaire. Mais les comédiens sont inflexibles et ne veulent pas revenir sur leur arrêt.

Cependant il faut donner au public l'explication promise la veille. C'est Fleury qui s'en charge. La toile se lève, et les clameurs s'apaisent comme par enchantement. Fleury, tout de noir habillé, s'avance alors et dit :

« Messieurs,

» Ma Société, persuadée que M. Talma a trahi
» ses intérêts et compromis la tranquilité publique,
» a décidé, à l'unanimité, qu'elle n'aurait plus
» aucun rapport avec lui, jusqu'à ce que l'autorité
» en eût décidé (1). »

Cette déclaration n'était pas faite pour satisfaire les amis du tragédien. Le tumulte éclata de plus belle. C'est alors que Dugazon, s'élançant sur la scène, prit la parole à son tour : « Messieurs, s'é-
» cria-t-il, la Comédie va prendre contre moi la
» même délibération que contre M. Talma. Je
» dénonce toute la Comédie : il est faux que
» M. Talma ait trahi la Société, et compromis la
» sûreté publique; tout son crime est de vous
» avoir dit qu'on pouvait jouer *Charles IX*, et voilà
» tout. »

Il fallait pourtant s'entendre et prendre une détermination quelconque; le journaliste Sulleau se met à parodier le président de l'Assemblée Nationale en agitant une énorme sonnette, et donne la parole tantôt à l'un, tantôt à l'autre. Le public exige la lecture de la délibération prise par le comité de la Comédie-Française. Fleury accède à ce désir, mais le tapage allant toujours en augmentant, on est forcé d'aller chercher la force armée. Un autre

(1) *Histoire du Théâtre-Français*, par Étienne et Martainville, tome I, pages 155 et suivantes. Paris, 1802.

incident est venu jeter le désarroi dans le théâtre : Dugazon a jugé prudent de disparaître après son incartade, et sans lui il est impossible de commencer le spectacle et de jouer l'*École des Maris* affichée ce soir-là. Il faut bien que la rage des mécontents se tourne contre quelque chose ; on escalade les loges, on brise les banquettes, et l'on descend jusqu'au Palais-Royal en poussant des vociférations formidables. La Comédie-Française occupait à cette époque l'emplacement de l'Odéon.

Le lendemain, le maire de Paris fit appeler les comédiens et leur reprocha l'inexécution de ses ordres. Les comédiens, il faut bien le dire, avaient une position très fausse. Placés entre la municipalité de Paris et les gentilshommes de la chambre, ils recevaient des ordres diamétralement opposés et ne savaient à qui obéir. Seulement, pour être juste, il faut bien reconnaître que les comédiens avaient une préférence toute marquée pour les gentilshommes de la chambre. Ce n'était pas pour rien qu'ils avaient joué maintes fois à la cour et dans toutes les résidences royales. Leur choix était tout fait, et ils ne pouvaient se résoudre à obéir à des gens qu'ils ne considéraient que comme de simples plébéiens.

Mais, toutes ces réflexions, ils pouvaient les garder pour eux. En attendant, un arrêt du conseil de ville enjoignait à MM. les comédiens français de jouer avec leur camarade Talma.

Cette délibération fut affichée dans toute la ville.

Quant à Dugazon, bien qu'il eût fait amende honorable dans les journaux, il avait dû comparaître au tribunal de la Commune. Il fut condamné à rester chez lui pendant huit jours, ainsi qu'aux frais de l'impression du jugement.

Mais si Dugazon faisait sans se plaindre ses huit jours d'arrêts, ses camarades ne se pliaient pas aussi facilement à la délibération de la municipalité. Ils persistèrent à rejeter Talma de leur société, et poussèrent l'audace jusqu'à nommer deux commissaires chargés de notifier leur détermination aux officiers municipaux. Ce refus d'obéissance leur attira une nouvelle délibération du conseil en date du 24 septembre 1790. C'était la confirmation de l'ordre précédent.

Les comédiens tinrent bon, se sentant probablement appuyés en haut lieu. La lutte dans la salle recommença. Le dimanche, 26 septembre, le théâtre est envahi par une foule bruyante, et tandis que les uns réclament l'exécution du jugement, les autres crient : A bas ! Il fallut toute l'autorité de Bailly, le maire de Paris, pour que les spectateurs consentissent à écouter tranquillement la fin du spectacle.

Le lendemain, il arriva ce qui devait arriver : le théâtre fut fermé par ordre de la municipalité, et il ne lui fut permis de rouvrir ses portes qu'après que les comédiens eurent fait amende honorable et consenti à recevoir Talma.

IX

RENTRÉE DE TALMA DANS *CHARLES IX*

Talma reparut donc en triomphateur, le 28 septembre, dans son rôle de Charles IX. Il y avait deux à trois mois qu'il ne lui avait été donné de paraître en public. On peut se douter de l'affluence des curieux accourus pour assister à la rentrée de Talma. Tous les événements que nous venons de raconter avaient défrayé toutes les conversations parisiennes depuis plusieurs semaines, et la popularité de Talma grandissait de jour en jour. La représentation marcha sans encombre : Talma, Dugazon et Mme Vestris furent rappelés après la pièce.

Nous possédons une lettre de Talma à M. de Coupigny, en date du 25 décembre 1790, lettre dans laquelle Talma rapporte une partie des faits auxquels il a été mêlé, disons même plus, dont il a été cause. Nous croyons intéressant d'en citer quelques passages pour montrer la façon dont Talma lui-même envisageait les événements :

« Que de siècles, mon ami, se sont écoulés
» depuis votre départ ! Il me semble être dans un
». monde imaginaire. Que de choses nouvelles
» pressées, accumulées dans ce court espace de
» temps !... Oh ! mon ami, que d'abus détruits,
» que de préjugés vaincus, quelle foule d'institu-
» tions bizarres anéanties ! Quel triomphe pour
» la philosophie ! »

Si l'on doutait encore des sentiments révolutionnaires de Talma, en voilà assez pour vaincre
les incrédules. Après s'être entretenu de diverses
choses intimes concernant son ami, il arrive à
parler de ses propres affaires :

« Quant à mes affaires, mon cher ami, j'ai, je
» crois, éprouvé autant de révolutions que le
» royaume : il n'est pas que vous n'en ayiez su
» quelque chose par les papiers publics : je vous
» fais grâce de mille détails, et ne vous donnerai
» que l'extrait de mon histoire. Mes succès dans
» mes débuts ont été assez brillants, et, depuis
» mon entrée dans la carrière, le public ne m'a
» jamais témoigné que beaucoup de bienveillance.
» Jamais je n'ai essuyé le désagrément du plus
» léger murmure. J'ai entre autres joué plusieurs
» rôles nouveaux, qui m'ont valu les suffrages les
» plus flatteurs du public ; surtout celui de
» Charles IX dans la tragédie de ce nom. Mais
» aussi ces succès m'ont suscité beaucoup d'en-
» nemis dans le corps tragi-comique. Vous savez

» que c'est la balance politique de ce petit État :
» si le public vous accueille, vos camarades vous
» honnissent. La Révolution est survenue qui a
» établi diversité d'opinions entre les membres :
» de là querelle sur querelle. Je parlais pour le
» public, et ces messieurs et ces dames surtout
» pour les gentilshommes de la chambre. Les
» esprits s'échauffèrent, la guerre commença par
» un combat singulier entre moi et le sieur *** (1),
» qui joue, comme vous le savez peut-être, la
» comédie en capucin et la tragédie en racoleur.
» Vinrent les fêtes fédérales. Je prétendis qu'il
» fallait donner aux fédérés des pièces démocra-
» tiques, telles que la *Mort de César*, les *Horaces*,
» *Brutus*, *Charles IX*, etc. Eux prétendirent qu'il ne
» fallait donner et ne donnèrent effectivement
» que des pièces infectées de l'adulation la plus
» servile pour les rois, de l'aristocratie la plus
» dégoûtante. Le public eut beau crier, demander;
» j'eus beau plaider pour lui dans l'auguste assem-
» blée des rois, des princes, des princesses, des
» tyrans : mon zèle et ses demandes furent inutiles. »

Puis, après avoir raconté, comme nous l'avons fait déjà, la tumultueuse représentation de *Charles IX*, en présence des fédérés de Provence, Talma arrive à parler de son exclusion :

---

(1) Nous avons parlé plus haut du duel survenu entre Talma et Naudet.

« Mais ce triomphe était pour moi le présage
» d'un coup que m'allait porter l'ordre privilégié
» des princes et des princesses des coulisses. Effecti-
» vement, le lendemain on assemble les États,
» on délibère, et on décrète enfin qu'il faut lancer
» contre moi un arrêt de proscription. On arrête
» ensuite que tous ceux qui avaient approuvé ma
» conduite (et ceux-là étaient Mmes Bellecourt,
» Vestris, Mlle Desgarcins et Dugazon), n'étant
» pas aussi criminels que moi, il serait seule-
» ment défendu à tous les sujets de leur parler.
» Tout cela fut exécuté. Chacun apposa son
» nom au bas de la feuille fatale, et jura sur son
» brodequin et sur son cothurne d'exécuter fidè-
» lement ce décret. Je fus trois mois en pleine
» interdiction, etc., etc.

» Votre ami, TALMA. »

Nous avons vu que Talma avait fait sa rentrée, le 28 septembre, par le rôle de Charles IX. Mais les comédiens le toléraient par force et ne l'acceptaient pas davantage. Aussi, jusqu'à la clôture de 1791, ne le voit-on tenir aucun rôle important. Une telle situation ne pouvait se prolonger (1).

---

(1) « Ce que je vous disais au commencement de ma lettre, écrit Mme Fusil à Mme Dubarry à Toulouse, est maintenant certain. Tout est en rumeur faubourg Saint-Germain, on crie à l'ingratitude, surtout pour Talma, qui demande

Tout le monde avait pris part au débat; au mémoire rempli d'aigreur publié par les comédiens au sujet de cette affaire, l'auteur de *Charles IX*, Marie-Joseph Chénier, avait répondu par un démenti formel. Un autre littérateur, Palissot, publia dans les journaux une lettre, violente satire contre les comédiens. Finalement, Chénier, usant de son droit, retira sa pièce. Ne sachant plus que faire pour détourner l'orage qui grondait sur leurs têtes, les comédiens, accusés d'aristocratie, sacrifièrent leurs propres prédilections au goût du public, et donnèrent, presque à titre de réparation, le 9 octobre, une représentation au profit de la veuve de J.-J. Rousseau.

En attendant, la Comédie-Française végète tristement. Pendant qu'on discutait, on n'a pas monté de pièces nouvelles, la salle est déserte et la caisse est vide. De plus la troupe se désorganise chaque jour. Mlles Contat et Raucourt quittent le théâtre, de dépit, disent les méchantes langues, d'y avoir vu rentrer Talma. Mlle Sainval les suit dans leur retraite, par haine ou jalousie envers Mme Vestris. C'est une anarchie complète. A

qu'on le classe dans un emploi, ou qu'on le laisse libre; Dugazon, son professeur et son ami, l'excite à s'affranchir des entraves qui l'empêchent de paraître avec avantage. Le Théâtre-Français fait valoir son engagement; un procès va, dit-on, s'ensuivre. L'on ne parle pas d'autre chose, et chacun suivant son opinion prend parti. » (*Souvenirs d'une actrice.*)

4.

chaque représentation le public réclame les artistes démissionnaires. Mlles Contat et Raucourt ne se décident à reparaître en public que le 8 janvier de l'année suivante. La fermeture annuelle arrive enfin, le 10 avril, et Talma n'attendait que cette occasion, résolu à se séparer des comédiens du Théâtre-Français.

L'on doit bien penser cependant que les comédiens ne laisseraient pas ainsi partir Talma. On songea d'abord à l'attaquer sur l'engagement qu'il avait pris avec le Théâtre-Français; on voulut lui intenter un procès, et l'on commença à mettre arrêt sur ses costumes, qui, selon l'usage, étaient renfermés dans la loge où il s'habillait. C'eût été une perte immense pour Talma, mais, d'un autre côté, on ne voyait pas trop par quel moyen on aurait pu engager les sociétaires à renoncer à leurs prétentions.

Dugazon, dont l'imagination était fertile, vint au secours du pauvre Talma.

Une assemblée avait été convoquée pour discuter les intérêts respectifs. Les avocats des deux parties, les huissiers étaient sous le péristyle, et l'on discutait déjà en attendant que l'assemblée fût ouverte. Pendant tout ce tumulte, Dugazon monte au théâtre, il y trouve des comparses qui attendaient le capitaine des gardes qui devait les exercer. Mais le capitaine des gardes avait bien autre chose à faire. Il était en bas à écouter ce qui se disait. Dugazon ne perd pas de temps; il prend huit figurants auxquels il montrera, dit-il, ce qu'ils ont à faire. Il les emmène au magasin des costumes, les fait habiller en licteurs, leur fait prendre quatre grandes mannes, qui servent à transporter les habits, puis monte à la loge de Talma, dont il s'était procuré la clef. Il dépose les cuirasses, les casques, les armes dans les corbeilles qu'il drape avec des manteaux et des toges, il s'affuble lui-même du costume d'Achille, la visière basse, le bouclier et la lance au poing, fait prendre les corbeilles par ses gardes, descend, passe gravement au milieu de ce monde rassemblé qui, tout ébahi et ne sachant ce que cela veut dire, lui laisse gagner la porte. Il était sur la place avant qu'ils fussent revenus de leur surprise et informés du mot de cette énigme. La foule à son tour s'assemble et emboîte le pas aux licteurs. Bref Dugazon arrive au Palais-Royal, où il fait déposer ses dépouilles opimes. Le lendemain, Paris retentissait de cette folie. Le Théâtre-Français n'osa pas donner suite à cette comédie burlesque dans la crainte du ridicule, et Talma, qui ne savait rien lui-même de cette aventure, fut remis en possession de ses costumes.

X

OUVERTURE DU THÉÂTRE DE LA RUE RICHELIEU

Il existait rue de Richelieu une vaste salle de spectacle, construite et ouverte en 1785 sous le titre de *Variétés-Amusantes*. Mais ce théâtre était plus communément désigné sous le nom de *Théâtre du Palais-Royal*. C'est la salle actuelle de la Comédie-Française. Ses directeurs, MM. Gaillard et Dorfeuille y donnaient quelques pièces à intrigue, quelques drames, et enfin un petit nombre de comédies. Les divisions intestines de la Comédie-Française fournirent à ces directeurs l'occasion d'acquérir quelques artistes fameux, justement aimés du public, et de changer un peu leur genre. Dugazon, Talma, Grandménil repassèrent les ponts et vinrent élire domicile rue Richelieu. Un second Théâtre-Français était fondé : il prit le nom de *Théâtre-Français de la rue Richelieu*.

Seulement fallait-il encore prévenir le public de cette brusque transition. C'est ce que fit l'ac-

teur Saint-Clair, du théâtre du Palais-Royal, dans le compliment de clôture de 1791. Il y déclare que ses directeurs ont fait d'importantes recrues et que leurs vœux les plus ardents sont « d'élever insen-
» siblement ce théâtre à la hauteur de la bonne
» comédie, et d'en faire un spectacle plus noble
» et plus épuré. » Bref il annonce en termes suivants l'entrée prochaine des déserteurs du faubourg Saint-Germain :

« Il a donc fallu joindre aux sujets de ce spec-
» tacle des acquisitions nouvelles, et, pour faire
» paraître avec quelque avantage Corneille, Ra-
» cine et Voltaire sur ce théâtre, où jadis fut Mo-
» lière, appeler à notre aide des talents déjà con-
» nus, déjà aimés du public, et qu'une tradition
» précieuse eût familiarisés avec les chefs-d'œuvre
» de nos grands maîtres. »

Les directeurs Gaillard et Dorfeuille avaient encore un autre appui. Ils venaient d'engager Monvel, retour de Suède. Mais celui-ci, jusqu'à présent mal secondé, n'avait pas été encore à même de faire valoir ses talents.

L'ouverture du nouveau Théâtre-Français eut lieu le 27 avril 1791, devançant ainsi de quelques jours l'ouverture du théâtre de la Nation, fixée seulement au 2 mai. L'affluence du public fut considérable. De plus, Chénier, qui n'avait pas oublié l'affront que lui avaient fait subir les comédiens à propos de son *Charles IX*, et qui était l'obligé de Talma, qui avait toujours été son défenseur en la circonstance, avait fourni la pièce d'ouverture, *Henri VIII.*

. Vous l'avez deviné déjà : Henri VIII, c'est Talma ; Anne de Boulen, c'est Mme Vestris, et la généreuse Seymour, c'est Mlle Desgarcins. Avec de pareils éléments le nouveau théâtre pouvait lutter contre l'ancien. Malheureusement la petite pièce qui accompagnait *Henri VIII*, et qui était l'*Epreuve nouvelle* de Marivaux, n'étant pas suffisamment interprétée, il s'ensuivit un tapage épouvantable. On peut bien penser d'ailleurs que les comédiens du théâtre de la Nation avaient tout intérêt à susciter une cabale à la nouvelle entreprise.

La polémique recommença dans les journaux. Palissot, qui avait des griefs contre les comédiens de la Nation, prit la défense de Chénier. Dans une lettre bien trop longue pour être citée ici, il dévoile toutes les intrigues et fait l'éloge du nouveau théâtre, « qui ne doit son existence qu'aux injus-
» tices révoltantes de ces mêmes comédiens. » Il signale à l'indignation générale les persécuteurs de Talma, et élève aux nues Mme Vestris, Mlle Desgarcins et le célèbre Dugazon. Il termine enfin en demandant l'indulgence pour les débutants du nouveau théâtre, dont il encourage les efforts, et lance cette apostrophe virulente à leurs anciens rivaux : « J'ai vu d'anciens comédiens du prétendu
» théâtre de la Nation pâlir et frémir du danger

» dont les menaçait une concurrence déjà si redou-
» table ; mais au lieu de frémir et de cabaler, qu'ils
» s'efforcent d'en triompher par leur émulation ! »

Les comédiens français ordinaires du Roi (comme ils signent) répliquèrent, et cette réplique peut se résumer en ces mots écrits du reste en toutes lettres : « M. Palissot est un imposteur. »

Chénier alors descend à son tour dans l'arène et écrit une lettre aux comédiens, lettre dont nous ne relèverons qu'un passage pour en montrer le ton : « Oui, c'est vous qui avez troublé la première
» représentation de *Henri VIII*, de concert avec
» des aristocrates et des courtisanes ! oui, les
» acteurs, les actrices de votre théâtre, les laquais
» et les amants de ces demoiselles, leurs créan-
» ciers même, vos ouvreuses de loges, vos gar-
» çons de théâtre s'étaient rendus soigneusement
» à cette représentation, et ce n'était point par
» esprit de curiosité, etc., etc. »

Cependant l'on ne perdait pas de temps rue de Richelieu. Le 30 avril, on joue le *Cid*, et la pièce de Corneille, jouée devant une nombreuse assemblée, obtient un énorme succès. C'est que Monvel joue don Diègue, et Talma tient le rôle de Rodrigue. Chimène, c'est Mlle Desgarcins, qui y déploie « une vérité déchirante ».

Telle était la situation exacte du Théâtre-Français en mai 1791. Ici nous interrompons la forme de notre récit pour nous attacher particulièrement à la personnalité de Talma. Mais il était indispensable de montrer et de faire comprendre au lecteur ce qu'était Talma en 1791, et quelle place il tenait dans la société de l'époque, lorsqu'il rencontra Bonaparte pour la première fois. Talma était déjà une puissance dans le monde des arts et des lettres, et Bonaparte, simple lieutenant d'artillerie, n'avait pas encore fait parler de lui.

On se fait difficilement une idée aujourd'hui de ces querelles littéraires, de ces luttes au parterre, de ces discussions sans fin au café Procope ou ailleurs. Et, à propos du café Procope, je passais hier même à l'endroit où il se tint. Le dernier propriétaire vient de mettre les volets sur la devanture. Peut-être rouvrira-t-il pour végéter encore ? Et je pensais :

Et le combat finit faute de combattants.

Oui les combattants manquent, de même que le théâtre, le vrai, s'en va, tué par les cafés-concerts, les clowns et les exhibitions ; les discussions sur les pièces et les acteurs s'en vont aussi. Pourquoi se passionne-t-on aujourd'hui ? je ne saurais trop le dire. Pour un cheval qui court, pour la casaque d'un jockey ? et encore ! J'aimais mieux les lettres échangées — voir même les injures — entre Palissot et les comédiens. Au moins ces gens-là avaient un idéal et s'occupaient de quelque chose.

Nous avons passé en revue les débuts de Talma ; nous avons vu l'importance qu'il avait soudainement prise à la Comédie-Française à propos de *Charles IX* ; nous avons raconté la scission des comédiens et l'ouverture du Théâtre-Français de la rue de Richelieu. Nous allons à présent aborder un Talma plus intime, et pénétrer dans la petite maison de la rue Chantereine, que sa femme vendra à Bonaparte quelques années plus tard.

XI

LA JEUNESSE DE TALMA

Mme veuve Talma (Caroline Vanhove), seconde femme de Talma, nous a laissé de singuliers détails sur la façon dont le tragédien se comportait avec les femmes. Mais c'est avec la plus grande réserve que nous devons accueillir ces renseignements. Et en effet Mme Vanhove n'était-elle pas l'épouse délaissée, et qui ne demandait pas mieux que de se venger par quelques traits piquants de l'abandon de son mari ?

« Soit disposition d'esprit, soit défaut de santé,
» nous dit-elle, Talma, dans sa jeunesse, ne pen-
» sait point aux femmes : l'étude le captivait tout
» entier. Ce n'était pas qu'il manquât de sensibi-
» lité : il en avait plus qu'on en eût désiré pour
» son bonheur. Mais il était tellement distrait
» qu'il fallait, en quelque sorte, venir le chercher,
» et lui faire des avances pour fixer son atten-
» tion.

» Quelques années s'étaient passées ainsi, lors-
» qu'un jour, malgré sa vue basse et sa distrac-
» tion habituelle, il arrêta ses regards sur un joli
» minois, arrivé depuis peu de jours du Midi de
» la France. C'était une séduisante Languedo-
» cienne : sa taille arrondie, ses charmes, ses
» caprices et son accent tournèrent la tête de Tal-
» ma, qui perdit entièrement l'usage de sa raison :
» car il voulait, malgré ses parents, unir sa des-
» tinée à celle de cette jeune personne.

» Il fut jaloux à l'excès (à tort ou à raison), et
» d'autant plus malheureux qu'il était devenu père
» d'une jolie petite fille, qu'il ne voulait point
» abandonner.

« Un jour, dans un accès de cette frénésie ja-
» louse, il prend son enfant dans ses bras, et
» court à l'aventure dans les rues de Paris ; son
» égarement ne lui permet pas de savoir où il va
» ni ce qu'il veut faire... Revenu enfin à lui-
» même, il rapporte l'enfant à sa mère.

» Plusieurs querelles, suivies de raccommode-
» ments, refroidirent cette liaison : elle se rompit,
» peu d'années après, à la grande satisfaction de
» Mme Talma, la mère, qui, on ne sait pour quelle
» raison, redoutait les suites d'un pareil attache-
» ment. »

Mme Talma oublie de nous dire ce qu'est devenu l'enfant. Et puis, remarquez qu'à cette époque celle qui écrit ces lignes ne connaissait pas encore celui qui deviendrait plus tard son mari. Ce ne sont donc que des on-dit, des racontars. Et il est fort peu probable que Talma se soit plu à fournir ces données à sa propre femme.

Mais Mme Talma se plaît dans l'historiette, témoin la suivante, qui a encore pour héros Talma et une jeune Anglaise :

« Il était assez difficile de faire sortir Talma de
» ses habitudes studieuses ; je vais en donner une
» preuve. Son père lui avait adressé une Anglaise,
» d'une très grande beauté, et qui devait passer
» quelques mois à Paris. Au lieu de lui chercher
» un appartement, on lui proposa de partager celui
» du jeune dentiste : elle accepta. Ils restèrent
» pendant six mois sous la même clef, sans que
» ni l'un ni l'autre se doutassent qu'il y eut quel-
» que chose d'extraordinaire dans ce rapproche-
» ment. La belle Anglaise reprit la route de
» Londres, se louant beaucoup de l'hospitalité
» qu'elle avait reçue, et Talma fut charmé d'avoir
» rendu un service dans lequel il était resté entiè-
» rement désintéressé. »

Cependant la vie matérielle devenait difficile pour Talma. Les appointements de pensionnaire au Théâtre-Français étaient bien minces, et Talma vivait au milieu d'une société où la dépense allait bon train. Pendant son séjour en Angleterre, il avait fréquenté les artistes en réputation et certains seigneurs de la noblesse. A Paris, il n'épargnait rien pour ses costumes, et même pour son ameublement. Entraîné par son goût pour l'antique, il se faisait exécuter, le premier, des meubles d'après des dessins grecs et romains. Tout ce que la capitale renfermait d'illustre dans les lettres ou dans les arts se pressait autour de lui. Sa table était ouverte à tous venants.

« Il croyait avoir de l'ordre, nous dit sa femme,
» parce qu'il écrivait exactement, chaque jour, les
» nouvelles dettes qu'il accumulait. » Seulement il ne pensait jamais à en payer le premier sou. Ce n'était même plus sa nomination au sociétariat qui pouvait suffire pour apaiser ses créanciers. En attendant, il continuait à se torturer l'imagination pour créer de nouvelles formes d'habits, de meubles ou d'ornements, le tout d'après l'antique, bien entendu.

Mme Talma, déjà citée, racontant l'histoire du premier mariage de son mari, en parle naturellement en femme, c'est-à-dire en termes fort désobligeants pour sa devancière, ne se doutant pas qu'elle ternit du même coup la mémoire de son mari. Et ce qui prouve bien que les termes qu'elle emploie sont excessifs, c'est qu'elle ne craint pas d'alléguer certaines choses qui sont fausses. Ici nous la prenons en flagrant délit d'exagération. Du reste, voici le passage :

« Enfin, le jeune Roscius, contrarié dans ses
» goûts, dans ses projets de prédilection, allait

» être réduit à l'économie, triste situation pour
» un homme de génie ! mais il en fut autrement.
» Une femme spirituelle et riche vint combler le
» déficit, apportant en mariage au grand artiste
» quarante mille francs de rente. Cette affaire
» s'arrangea chez Mlle Contat.

» Je dis cette affaire, car l'aimable prétendue
» avait, pour le moins, vingt ans de plus que
» Talma ! »

Or, ce dernier trait est absolument méchant à plaisir. Julie Careau avait sept ans de plus que Talma. C'est déjà bien suffisant. Pourquoi en ajouter treize encore, pour le moins ! Mme Talma, la seconde, ne pouvait ignorer l'âge de son ancienne rivale. Elle n'aurait pas été femme. Voilà une des raisons qui nous fait douter de toutes ses autres assertions. Les lignes qui suivent sont encore plus perfides :

« N'importe, il se crut amoureux ; et Julie
» (c'était son nom), bien plus prise que lui, aban-
» donna sans peine l'entière disposition de sa for-
» tune à l'homme qu'elle aimait.

» Cette fortune, qu'elle devait à l'amour, elle la
» lui restituait avec l'entraînement passionné
» d'une femme qui veut être aimée, et pour la
» dernière fois. »

Eh ! bien, non, ici je m'arrête, car c'est trop d'infamies entassées à plaisir, et je vais le prouver. D'abord, nous l'avons dit déjà, Louise-Julie Careau avait sept ans (et non vingt) de plus que Talma. Elle était enfant naturel, fille de Marie Careau, et d'un certain François Proch, qui la reconnut plus tard, le 18 thermidor an IX (6 août 1801), après son divorce avec Talma. Elle était née à Paris le 8 janvier 1756, et avait été baptisée à Saint-Eustache. Il est, en effet, assez difficile de dire quelle était l'origine de sa fortune, mais s'il est vrai, comme le dit insidieusement Mme veuve Talma, qu'elle *ait dû sa fortune à l'amour*, nous allons montrer quelle femme était cette Julie, et combien elle était digne par son esprit d'enflammer l'imagination ardente de Talma (1).

(1) Mme Fusil, qui fut l'amie de Julie, a réfuté aussi les assertions de Mme Talma dans son livre : *Souvenirs d'une actrice*. Il est bien certain que les dates étaient brouillées avec connaissance de cause.

XII

JULIE CAREAU

Benjamin Constant nous a laissé un portrait littéraire de Julie dans ses *Mélanges de littérature et de politique*, publiés à Paris en 1829. Dans son quatrième chapitre, qu'il intitule simplement : *Lettre sur Julie*, il nous dépeint, sans la désigner autrement, cette femme absolument remarquable par son esprit et son jugement.

« Cette lettre, nous dit-il en note, concerne » une personne morte depuis vingt-quatre ans. » — Julie mourut en effet en 1805. — « Mais plusieurs » de nos contemporains l'ont connue, et verront » peut-être avec quelque intérêt cet hommage » rendu à la mémoire d'une femme qui, dans sa » jeunesse, avait eu beaucoup d'admirateurs, et » qui, dans un âge plus avancé, avait conservé « beaucoup d'amis. »

Bien qu'elle ne fut plus jeune quand il la rencontra, et qu'il n'eut existé jamais entre eux que de l'amitié — c'est Benjamin Constant qui le déclare, — Julie avait laissé dans son cœur des impressions profondes, et il trouvait à se les retracer une jouissance mêlée de tristesse. L'amitié de Julie avait quelque chose de tendre et de passionné qui lui donnait un charme particulier; son esprit était juste, étendu, toujours piquant, quelquefois profond.

Amie passionnée de la Révolution, ou, pour parler plus exactement, de ce que la Révolution promettait, Julie eut l'esprit de parti, mais cet esprit de parti ne servait qu'à mettre plus en évidence la bonté et la générosité de son caractère.

Elle haïssait le parti contraire au sien, mais elle se dévouait avec zèle et persévérance à la défense de tout individu qu'elle voyait opprimé. C'est ainsi que nous verrons plus tard, après le 13 vendémiaire, sa maison ouverte aux proscrits de tous les partis, et comment elle hébergea sous son toit un terroriste et un royaliste, les faisant souper de deux jours l'un à sa table, pour qu'ils ne se trouvassent pas en présence. Des traits semblables ne sont pas d'une âme ordinaire.

Violente quelquefois, elle ne fut jamais ni intrigante ni rusée. Elle désirait les succès de ses amis, parce qu'elle y voyait un succès pour les principes qu'elle croyait vrais; mais elle voulait qu'ils dussent ces succès à eux-mêmes, et non pas à des voies détournées.

Enfin, nous dit Benjamin Constant, qui semble l'avoir beaucoup connue dans ses dernières années : « Ce qui la distinguait encore beaucoup
» plus que sa conversation, c'étaient ses lettres.
» Elle écrivait avec une extrême facilité, et se
» plaisait à écrire. Son style était pur, précis, rapide
» et léger ; et, quoique le talent épistolaire soit
» reconnu pour appartenir particulièrement aux
» femmes, j'oserai affirmer qu'il n'y en a presque
» aucune que l'on puisse, à cet égard, comparer à
» Julie. »

Cette femme était-elle donc au-dessous de Talma ? Que *l'affaire* se soit arrangée chez Mlle Contat, comme le dit Mme veuve Talma, c'est encore possible, et cependant qu'il nous soit permis de douter. Nous allons voir que les choses ne se sont pas du tout passées de cette façon, et que cette allégation est une calomnie de plus. Voici en effet de quelle façon le poète Arnault, dans les *Souvenirs d'un sexagénaire*, raconte qu'ils firent connaissance.

Connue dans le monde sous le nom de Julie, plus remarquable encore par le charme de son caractère et de son esprit que par celui de sa figure, tout agréable qu'elle fût, elle alliait à un physique presque grêle une âme des plus énergiques. Également passionnée pour les arts, les lettres, la philosophie et la politique, après avoir réuni chez elle, sous l'ancien régime, ce que la cour et la ville avaient de plus aimable, elle y réunissait, depuis la Révolution, aux littérateurs et aux artistes les plus célèbres, les plus célèbres membres de la législature.

Dire que dans son salon, où le vicomte de Ségur et le comte de Narbonne se rencontrèrent avant 1789 avec Chamfort et David, David et Chamfort s'étaient rencontrés habituellement depuis avec Mirabeau, Vergniaud et Dumouriez, c'est prouver qu'à diverses époques ce salon avait été le point de réunion des hommes les plus remarquables.

Une âme de la trempe de celle de Julie ne pouvait pas être faiblement émue par le talent de Talma, et Talma ne pouvait pas être insensible à la préférence que montrait pour lui une femme si distinguée. Il prit sa reconnaissance pour un sentiment plus tendre et, dans la première jeunesse encore, il épousa cette femme qui, trop jeune de cœur peut-être, touchait presque à la maturité de l'âge.

« On a souvent cité la fortune de Julie, nous
» dit Mme Fusil dans les *Souvenirs d'une actrice*; c'est
» la seule chose dont on se soit souvenu d'une
» manière positive. Elle avait quarante mille livres
» de rentes, c'est la vérité, mais elle en faisait un
» si noble usage! Julie eût été l'Aspasie de son
» siècle, si ce siècle eût ressemblé à celui de Périclès. Les premiers essais de ce jeune homme,
» qui devait être un jour le Roscius de l'époque,
» avaient enchanté Julie, dont l'esprit rempli de

» poésie comprenait si bien les arts. De l'admi-
» ration à la passion l'espace fut bientôt franchi. »

Combien il y a loin de là au honteux marché que nous laisse entrevoir Mme Talma ! Et s'il fallait une dernière preuve, une preuve convaincante, nous irions la chercher dans les registres des paroisses de Paris : Talma épousa Julie Careau le 19 avril 1791. Or, le 1er mai suivant, il présentait aux fonts baptismaux deux jumeaux ; leur mariage n'avait été qu'une consécration.

Cette liaison du reste devait remonter à plus d'une année, car, le 30 avril 1790, Talma et Julie font venir quatre témoins et le notaire Martinon, rue Chantereine, et font rédiger l'acte suivant :

« Par-devant... sont comparus M. François-
» Joseph Talma, pensionnaire du Roy, dem^t à
» Paris, rue de Molière, f^g St-Germain, paroisse
» St-Sulp., majeur, fils du Sr Michel Talma, den-
» tiste en la ville de Londres, et de dame Anne
» Mignolet, son épouse, desquels il déclare avoir
» le consentement, stipulant pour lui et en son
» nom, d'une part, et D^lle Louise-Julie Carreau
» (sic), fille majeure, dem^t en cette ville, rue Chan-
» tereine, paroisse St-Eustache, stipulante pour elle
» et en son nom, d'autre part : lesquels avant de
» passer à la célébration du mariage convenu et
» arrêté entre eux en ont réglé les clauses et con-
» ventions ainsi qu'il suit, en présence de Sr Jean-
» Joseph Talma, M^e dentiste à Paris, frère du futur,

» de... Les futurs seront communs en biens. —
» Les biens de la D^{lle} Carreau consistent : 1° dans
» une maison sise en cette ville, rue Chantereine,
» occupée par la D^{lle} Carreau, et par elle acquise
» de François-Victor Perrard, de Montreuil, ar-
» chitecte de Monseig^r le comte d'Artois, moyen-
» nant la somme de cinquante mille livres, sui-
» vant contrat passé par devant Maître Rouen, not.
» à Paris, qui a la minute... le 6 déc. 1780. »
(Mlle Careau avait en outre deux autres maisons
et des contrats de rentes assez nombreux.) « Le
» futur époux a donné et doue la future épouse
» de dix mille livres... Fait et passé à Paris ez
» demeure des parties, l'an 1790, le 30 avril, et
» ont signé : L.-J. Careau, F.-J. Talma,
» J.-J. Talma, etc. »

Mais les formalités nécessaires à la célébration de ce mariage devaient rencontrer des obstacles. Comme on le voit, les deux futurs étaient bien résolus à se marier dès le 30 avril 1790. Or le curé de St-Sulpice, paroisse de Talma, refusa de publier les bans. Talma s'était déclaré *comédien*.

Talma ne détestait pas la réclame ; nous l'avons déjà vu à propos de *Charles IX*. Il s'empara de l'occasion nouvelle qui lui était offerte de faire parler de lui, et en appela à l'Assemblée Nationale.

XIII

PREMIER MARIAGE DE TALMA

Le 12 juillet 1790, la lettre suivante de Talma fut lue à la tribune par un des secrétaires de l'Assemblée :

« J'implore le secours de la loi constitutionnelle,
» et je réclame les droits de citoyen qu'elle ne m'a
» point ravis, puisqu'elle ne prononce aucun titre
» d'exclusion contre ceux qui embrassent la car-
» rière du théâtre. J'ai fait choix d'une compagne
» à laquelle je veux m'unir par les liens du mariage;
» mon père m'a donné son consentement. Je me
» suis présenté devant M. le curé de St-Sulpice
» pour la publication de mes bans. Après un pre-
» mier refus, je lui ai fait une sommation par
» acte extra-judiciaire. Il a répondu à l'huissier
» qu'il avait cru de la prudence d'en déférer (*sic*)
» à ses supérieurs, qui lui ont rappelé les règles
» canoniques auxquelles il doit obéir, et qui dé-
» fendent de donner à un comédien le sacrement

» du mariage, avant d'avoir obtenu de sa part
» une renonciation à son état. — Je me prosterne
» devant Dieu; je professe la religion catholique,
» apostolique et romaine... Comment cette religion
» peut-elle autoriser le dérèglement des mœurs?
» J'aurais pu sans doute faire une renonciation et
» reprendre le lendemain mon état; mais je ne
» veux point me montrer indigne de la Religion
» qu'on invoque contre moi, indigne du bienfait
» de la Constitution en accusant vos décrets d'er-
» reur et vos lois d'impuissance. Je m'abandonne
» avec confiance à votre justice (1) ».

On s'étonnera peut-être de la sévérité du curé de Saint-Sulpice refusant de marier Talma, alors que depuis deux siècles les comédiens se mariaient parfaitement à l'Église, de même qu'ils y étaient enterrés. Mais lorsque le curé de Saint-Eustache refusait d'enterrer Molière, c'était à l'auteur de *Tartuffe*, et non au comédien qu'il fermait les portes de son église. Lorsque le curé de Saint-Sulpice refusait de marier Talma, c'était à l'interprète de *Charles IX*, et non au comédien qu'il refusait le sacrement du mariage; il est fort important d'établir ces distinctions nécessaires, sans quoi l'on ne saurait plus à quoi s'en tenir sur la conduite de l'Église envers les comédiens. L'Assemblée renvoya la lettre de Talma à ses comités, et l'on n'en parla plus jamais. Talma, qui connais-

(1) *Moniteur universel*, 1790, page 796.

sait Shakespeare par cœur, aurait pu appeler cette démarche : *Beaucoup de bruit pour rien.*

Peu de temps après Julie devint enceinte. Talma vivait à présent tout à fait rue Chantereine et faisait les honneurs du salon de Julie. Il fallait à tout prix régulariser cette situation. Il consentit à échanger son titre de comédien contre celui de bourgeois de Paris, et, le mardi 19 avril 1791, il conduisait à l'autel de Notre-Dame-de-Lorette Julie Careau ; M. Lapipe, vicaire, leur donna la bénédiction nuptiale. Voici l'acte de mariage de Talma tel que nous le relevons dans le *Dictionnaire de Jal*, page 1172 :

« François-Joseph Talma, *bourgeois de Paris*,
» âgé de vingt-huit ans, demeurant rue Chante-
» renne (*sic*), fils de François-Joseph Talma, *bour-*
» *geois de Paris*, de présent en Angleterre et con-
» sentant comme il appert par l'acte fait et passé à
» Londres, le 15 mai 1790, et d'Anne Mignolet,
» son épouse, présente et consentante, d'une part ;
» et Louise-Julie, âgée de vingt-cinq ans » — c'est trente-cinq ans qu'il fallait dire, — « demeurant
» aussi rue Chanterenne, fille de Marie Carreau » (point de nom de père), « présente et consen-
» tante, d'autre part, ont été fiancés et mariés...
» en présence de... François-Michel Talma, den-
» tiste, demeurant rue Mauconseil, etc. Signé :
» François-Jos. Talma, L.-J. Careau, Talma
» jeune, J. Talma, etc. »

Douze jours plus tard, le 1ᵉʳ mai 1791, Talma présentait à la même église deux enfants jumeaux que le même vicaire, M. Lapipe, baptisa sous les noms de Henri-Castor et de Charles-Pollux, déclarés nés la veille. Le premier avait pour parrain Dugazon « citoyen actif », le valet spirituel de la Comédie-Française, et pour marraine la touchante demoiselle Desgarcins.

Voici donc Talma marié, père de deux jumeaux et en possession d'une belle fortune. Mais encore une fois — et nous l'avons prouvé par les détails et l'histoire intime de ce mariage, — qu'il y a loin de la régularisation de cette situation au marché infâme que laisse supposer Mᵐᵉ veuve Talma (la seconde) !

Nous ne pouvons cependant passer sous silence le fait suivant, qui se rapporte peut-être au passé de Julie et qui reste pour nous une énigme.

Il existait alors à Paris un personnage qui se faisait passer pour le beau-fils de Talma. Etait-ce un fils de Julie ? Personne n'en a jamais parlé. Voici ce que nous avons découvert aux Archives nationales (1) : Le 26 juillet 1793, au café du Mont-Blanc, chez le citoyen Lefèvre, un jeune homme en redingote bleue et en chapeau rond se permettait de dire des invectives contre la Convention, ajoutant que le ministre Bouchotte

(1) Cote F. 7, 4770.

était un gueux et un coquin. Grand émoi dans le café. Ce discours est dénoncé au comité de surveillance de la section du Mont-Blanc. C'est ce procès-verbal que nous avons entre les mains. Le dit citoyen déclare se nommer Pierre-Louis, âgé de 15 ans et 7 mois, natif de Paris, demeurer *rue Chantereine*, n° 6, chez son père, nommé Trunville (ou Tranville, ou Cranville), et en renvoi : procureur du Roi au Châtelet de Paris, résidant à Paris, place Vendôme, n° 1 ; *que le citoyen Talma est son beau-père*. On lui demande alors pourquoi il a tenu ces propos. Il répond que le citoyen Demazeau, son interlocuteur et dénonciateur, avait une opinion qui n'était pas la sienne. Il nie s'être permis d'insulter la Convention, mais en ce qui concerne le ministre Bouchotte, il déclare que la femme de chambre de sa mère lui a dit que le nommé Longeon, soldat de l'armée du Nord, ayant été prisonnier de guerre à Condé, avait dit que la ville de Condé n'avait pas été ravitaillée par la faute du ministre de la guerre. Il nie avoir prononcé les mots de gueux et de coquin à l'adresse du ministre. On entend les témoins : un sieur Langlois, tailleur de pierres ; un sieur Lenoir, toiseur de bâtiments ; un sieur Cornu, commis au bureau de la guerre ; un sieur Castella, même profession. Celui-ci ajoute : « Il a parlé des géné-
» raux Dumouriez et Valence, il a dit connaître
» particulièrement ce dernier, et que si les géné-

» raux ont manqué, c'est la faute du ministre
» Bouchotte, etc. Il se faisait fort de connaître
» toutes les affaires, ainsi que les bons et mau-
» vais citoyens de l'Assemblée, et il a dit qu'il était
» jacobin et républicain ainsi que son père. » Or
voici où la chose prend de l'intérêt pour nous.
Au bas de ces dépositions signées, nous lisons :
« Le comité arrête que le citoyen Tallma (sic),
» propriétaire d'une maison sise rue du Mont-
» Blanc, sera invité à comparaître par-devant nous
» pour leur proposé s'il veut se porter caution de
» représenter le nommé Alexis-Pierre-Louis beau-
» fils du C^{en} Tallma. Ledit Tallma accepte de se
» porté caution pour représenté ledit Louis tou-
» tefois et quand il en sera requis. Fait au comité
» ce 27 juillet 1793, l'an 2me de la République une
» et indivisible, et ont signé avec nous : Franç.
» Talma, Alexis-Pierre-Louis Pagnier, commis-
» saire, Faure Allmer, président, Boure, Tholomé,
» Lacroix. »

Quel était donc ce Louis qui se disait beau-fils de Talma et qui demeurait chez lui ? Nous retrouvons, toujours aux Archives, les traces d'un Louis qui se donnait comme domicilié rue Grange-Batelière, maison du citoyen Guérault. Ce Louis sollicitait en juin 1793 une place de courrier de la guerre auprès du ministre Bouchotte. Celui-ci fait écrire par son secrétaire au comité révolutionnaire de la rue du Mont-Blanc et s'informe si le citoyen

Louis est bon républicain. Le comité ne répond pas. Le ministre écrit pour la troisième fois le 30 juin: « Je prendrai votre silence pour un refus. » Le comité répond enfin le 6 juillet 1793. — Mais qu'a-t-il répondu ? Nous l'ignorons. Le jeune Louis avait-il eu sa place, ou parlait-il ainsi contre Bouchotte par dépit de s'être vu refuser ce qu'il sollicitait ? La chose n'étant que bien secondaire pour nous, nous n'avons pas poussé plus loin nos recherches ; nous voulions seulement signaler l'existence de ce Louis, beau-fils de Talma, dont on n'avait jamais fait mention.

Un des principaux apports de Julie était la maison de la rue Chantereine dont nous avons déjà eu si souvent l'occasion de parler ; nous allons enfin y pénétrer avec les deux époux.

Le couvent de la Victoire, fondé près de Senlis après la bataille de Bouvines, avait possédé de tout temps un jardin, un marais et un vinier entre la ferme des Mathurins, les Porcherons et la Grange-Batelière ; ce lieu s'appelait Chantereine, et on le désignait aussi sous le nom de Marais-de-la-Victoire. La ruellette aux Marais-des-Porcherons, plus tard ruelle des Postes, devint rue Chantereine ; elle suivait le même cours que notre rue actuelle de la Victoire, exception faite toutefois du prolongement entre les rues de la Chaussée-d'Antin et Joubert, prolongement qui ne date que de 1847.

Le XVIIIe siècle vit s'élever beaucoup de petits hôtels bourgeois dans les jardins de la rue Chantereine. On n'osait plus dire marais. Là demeurait Desforges, ancien acteur des Italiens et l'auteur de *Joconde*. Mme de Saint-Jullien, femme du receveur général de ce nom, s'y était fait bâtir une petite maison, sous le règne de Louis XV, et ne dédaignait pas d'y recevoir le comte de Maillebois, en dépit de Soubise qui lui faisait la cour.

Des protecteurs généreux s'étaient cotisés pour y faire construire un hôtel en 1774, sur les dessins de Brongniart, pour Mlle Dervieux, danseuse de l'Opéra. C'est chez elle que défilèrent tour à tour milord Binting, le comte Warkowski, le chevalier de Launay, le maréchal de Richelieu, Marquet de Peyre, le duc de Chartres, le marquis de Fitz-James, et enfin Laval, un simple maître de ballet, la coqueluche des filles d'Opéra, avant qu'elle ne devînt l'une des maîtresses du comte d'Artois.

Comme on le voit, la rue Chantereine recevait une société fort aristocratique. Mesmer habita rue Chantereine. C'est là qu'il traitait par le magnétisme animal. On peut voir encore aujourd'hui l'ancien hôtel Gontaut, que M. Barbet de Jouy vendit en 1839 à Henri Herz. La salle de concert fut élevée sur l'emplacement des pelouses du jardin. A côté de la maison actuelle de M. Herz se trouvait encore l'hôtel de Mme de Rigny, où descendit Cagliostro pendant son séjour à Paris.

Eh! bien, c'est à cet endroit que s'élevait la maison de Talma, maison qui devait devenir si célèbre quelques années plus tard grâce à son autre propriétaire, le général Bonaparte.

Un de nos amis, M. Paul Lacombe, bien connu pour ses travaux sur l'histoire de Paris, a bien voulu nous fixer tout à fait à ce sujet. La maison de Talma se trouvait sur l'emplacement actuel de la maison Belloir, rue de la Victoire, 56 (1).

« Cet hôtel, nous dit Lefeuve dans ses *Ancien-*
» *nes maisons de Paris*, ouvrage auquel nous avons
» emprunté plusieurs des détails qui précèdent,
» avait été dessiné par Ledoux pour Caritat, mar-
» quis de Condorcet, mathématicien, philosophe,
» membre de l'Académie des sciences et de l'A-
» cadémie française, député, puis conventionnel.
» La veuve de Condorcet, sœur du maréchal de
» Grouchy, vendit cette propriété à Julie Careau,
» qui épousa Talma, et le tragédien illustre y eut
» ses jours de fête. »

En quoi Lefeuve commet une erreur grossière : d'abord parce que Condorcet étant mort en mars 1794, sa femme n'était pas veuve en 1790 ; en-

(1) Il existe une vue de cet hôtel dans l'ouvrage intitulé : *Habitations des personnages les plus célèbres de France depuis 1790 jusqu'à nos jours* (1832), dessinées d'après nature par Regnier, lith. par Champin. (Bibl. nat. — Cabinet des Estampes.)

suite, dans le contrat de mariage de Julie Careau, il y est déclaré que ladite maison a été acquise par elle de François-Victor Perraud de Montreuil, architecte de Mgr le comte d'Artois, le 6 décembre 1780.

Ce détail étant du reste de minime importance, nous ne nous y arrêterons pas plus longtemps. Cet hôtel a été détruit en 1860 pour faire place à de nouvelles maisons. Lefeuve, qui écrivait sa notice sur la rue de la Victoire en 1861, nous dit que la porte, la loge du suisse, l'avenue, quelques arbres du jardin et cette inscription se voient encore :

In hac minima jam maximus plus quam maxima concepit.

Allusion au général Bonaparte ; mais de nos jours, en 1886, c'est en vain que l'on chercherait même la porte, la loge du suisse et l'inscription. Il n'y a plus rien de tout cela. Nous emprunterons au livre de M. Imbert de Saint-Amand : *La jeunesse de l'impératrice Joséphine*, une description assez complète de cette maison qu'Aubenas, du reste, avait passée en revue avant lui.

XIV

L'HOTEL DE LA RUE CHANTEREINE.

L'hôtel de Talma était situé à l'extrémité d'une longue avenue assez étroite. Sur les côtés de la cour se trouvaient des bâtiments distincts pour les cuisines et les communs. Construit sur quatre faces, avec pans coupés aux quatre angles, il était composé d'un rez-de-chaussée et d'un étage surmonté de mansardes. Quelques marches placées entre deux lions de pierre conduisaient à un perron en demi-cercle que Joséphine fit fermer plus tard en forme de tente, pour le changer en vestibule. Au rez-de-chaussée, on trouvait d'abord la salle à manger, de forme ovale, à côté de laquelle il y avait un petit cabinet, pavé en mosaïque du temps de Joséphine, et qui servit de boudoir à la future impératrice. De la salle à manger on passait au salon, où se trouvait à droite une belle cheminée placée près d'une croisée qui descendait jusqu'au parquet, et une porte vitrée qui donnait sur un-

escalier extérieur par lequel on allait dans le jardin. A côté du salon était une pièce moins grande. C'est là que Bonaparte travaillait.

On montait à l'étage supérieur par un escalier tournant, très étroit, où deux personnes ne pouvaient passer de front. Cet escalier conduisait à un salon précédant deux chambres. Sur les panneaux de la première étaient peints des vases étrusques, des lyres antiques, et un aigle portant la foudre. Est-ce Bonaparte qui fit peindre l'aigle ? ou ces peintures, ce qui est plus probable, avaient-elles été exécutées sur l'ordre de Talma ? Singulière coïncidence en tous cas. La seconde chambre, de forme ovale, comme la salle à manger au-dessus de laquelle elle se trouvait, était tout ornée de glaces allant du parquet au plafond et encadrées dans une série de petites colonnes surmontées d'arceaux. L'intérieur de l'alcôve était décoré de peintures représentant des oiseaux et des fleurs des tropiques. Tel était le nid de Talma, avant qu'il ne devînt celui de Bonaparte.

Quelques jours avant le mariage de Talma, un grand deuil vint plonger la France dans la désolation. Mirabeau mourut le 2 avril 1791, dans une maison de la Chaussée-d'Antin, maison appartenant à Julie Careau (1). On connaît la mort de

---

(1) Cette maison, que l'on voit encore aujourd'hui, porte le n° 42 de la Chaussée-d'Antin.

Mirabeau : « Mon ami, dit-il à Cabanis, je mour-
» rai aujourd'hui ; il ne reste plus qu'à s'envelop-
» per de parfums, qu'à se couronner de fleurs,
» qu'à s'environner de musique, afin d'entrer
» paisiblement dans le sommeil éternel. » Mirabeau alla au Panthéon, et Talma pria Chénier de
faire ce distique, que l'on plaça sur une table de
marbre noir devant la maison :

L'âme de Mirabeau s'exhala dans ces lieux !
Hommes libres, pleurez ! tyrans, baissez les yeux !

Ces vers furent enlevés en 1793, et la rue, qui avait pris le nom de Mirabeau, reprit son ancien nom. Étrange retour des choses d'ici-bas ! Étrange caprice d'un peuple qui passe son temps à élever des idoles puis à les briser à terre !

Talma connut donc particulièrement Mirabeau ; nous avons cité dans un précédent chapitre la correspondance échangée entre Mirabeau et Talma à propos de la représentation tumultueuse de *Charles IX*. Depuis ce temps, Talma avait dû rencontrer Mirabeau dans le salon de Julie, et ces liens de fréquentation n'avaient pu que se resserrer lorsque, par une circonstance fortuite, Mirabeau devint le locataire de celle qui allait s'appeler Mme Talma.

On a fait grand tapage autour des opinions politiques de Talma à cette époque. Il serait plus juste de dire que sa femme s'occupait de politique bien plus que lui. Le salon de Julie était le lieu de rendez-vous de tous les républicains un peu en vue, et Julie en faisait les honneurs avec une grâce parfaite, se mêlant à la conversation et ne craignant pas d'émettre son avis. Quant à Talma, absorbé par des études nombreuses, et désireux de se créer une situation nouvelle au théâtre de la rue de Richelieu, il était bien plus préoccupé de son art que de la politique. Certes, il se ralliait aux idées avancées de sa femme, mais on aurait pu dire le salon de Mme Talma, et non le salon de Talma.

Mme veuve Talma (la seconde) nous trace un petit croquis de cet intérieur.

« Les amis de la maison (ils étaient fort nom-
» breux) arrivaient pour dîner ou souper à diffé-
» rentes heures : aussi la table était comme per-
» manente, servie et resservie pour les nouveaux
» venus. Julie était l'âme de la société, qui deve-
» nait, chaque jour, plus considérable et plus
» brillante. Elle accueillait tous les hommes en
» réputation : les poëtes, les artistes, les auteurs,
» les savants, les publicistes accouraient tous au
» petit hôtel de la rue Chantereine.

» On accusait Talma d'être, dans ces temps,
» un homme de parti ; je puis assurer que l'accu-
» sation était bien injuste, car il se mêlait fort
» peu des discussions qui occupaient les grands
» personnages de cette époque. Le croirait-on ?
» Lorsqu'il rentrait chez lui, il ne montait poin

» au salon : il allait trouver sa cuisinière. Cette
» excellente femme avait bien soixante ans; elle
» adorait son maître, et le plaignait, avec raison,
» du peu de soin que l'on prenait pour conserver
» sa santé ; elle lui donnait de bons bouillons, et
» le faisait passer avec un fauteuil sous le manteau
» de la cheminée. C'était là, dans la cuisine, que
» Hamlet, ou Néron, ou Brutus, ou Manlius,
» prenait un peu de repos, voulant surtout échap-
» per à la cohue qui sans cesse assiégeait sa mai-
» son. »

Cette maison toujours ouverte, cette table toujours servie, et ce maître de maison allant se cacher dans un coin pour étudier ou se reposer, cela ne rappelle-t-il pas les plus beaux jours d'Alexandre Dumas ! Et à présent encore, combien d'écrivains ou d'artistes ne se sauvent-ils pas à la campagne, sans même donner leurs adresses, pour travailler en paix, et éviter la cohue des importuns et des indiscrets ! Combien de fois, lisant dans les journaux les occupations mondaines de bien des gens en vue, ne se demande-t-on pas quand ils peuvent trouver encore le temps de travailler ! Cependant il faut bien avouer que Julie employait son influence à faire à son mari des amis de tous les jeunes auteurs qui composaient son cercle, et qui devaient eux-mêmes aspirer à une brillante carrière.

Depuis 1789, la société de Julie se composait

de ceux qu'on a depuis nommé les Girondins, et de gens de lettres et de savants dont nous trouverons les noms plus loin. Cette société avait beaucoup contribué à mettre Talma dans un jour favorable. Sans cela il eût peut-être été longtemps à percer. « Chénier, Ducis, Lemercier et Legouvé, écrit
» Mme Fusil, qui fut l'hôte assidue de cette mai-
» son, sont ceux qui ont le plus travaillé à ouvrir
» devant Talma la brillante carrière qu'il a parcou-
» rue. Mais avant eux, David, par les conseils du-
» quel Talma a été le premier à s'affranchir de
» l'usage ridicule de la poudre, des hanches, des
» chapeaux à plumes, etc. Ses cuirasses, ses cas-
» ques, ses armes étaient du plus grand prix. Julie
» ne croyait pouvoir faire meilleur usage de sa
» fortune qu'en secondant son mari dans tout ce
» qui pouvait contribuer à le faire paraître avec
» avantage. La grande galerie de sa maison n'était
» meublée que de yatagans turcs, de flèches in-
» diennes, de casques gaulois, poignards, etc. »

Talma s'était marié au mois d'avril, quelques jours après la mort de Mirabeau. L'ouverture du *Théâtre-Français de la rue Richelieu* avait eu lieu le 27 du même mois par la représentation d'*Henri VIII*, et Julie mettait au monde deux fils, le 30 avril. Voilà bien des événements pour un seul mois. La lutte continuait entre les deux théâtres français. La victoire restait assurément pour la comédie au théâtre du faubourg Saint-Germain, qui comptait dans ses rangs Molé, Fleury, Mlles Contat et Joly ; mais la rivalité existait bien pour la tragédie entre les deux théâtres, et le public indécis ne savait à qui décerner la palme.

Cependant on remarquait volontiers que les décors et les costumes du théâtre de la rue Richelieu étaient les mieux soignés. Cela tenait surtout à Talma, qui avait fait une étude approfondie de l'antiquité, et qui n'épargnait rien pour la vérité. Il était suivi dans sa réforme par tous ses camarades, et tous les détails de la mise en scène étaient scrupuleusement observés. Un sieur Boucher, peintre et acteur au même théâtre, l'aidait dans cette besogne minutieuse. Le 21 mai, dans une représentation de *Brutus*, Talma et Monvel remportèrent un éclatant triomphe dans les rôles de Brutus et de Titus. Tous les costumes étaient de la plus exacte vérité ; et les décors, reproduits d'après l'antique, étaient entièrement neufs.

C'est à cette époque (19 mai) que le théâtre rival de la Nation accueillait la pièce d'un jeune inconnu, dont nous aurons l'occasion de citer plusieurs fois le nom dans cette étude ; nous voulons parler du poète Arnault, alors âgé de 21 ans, qui aborda la scène avec *Marius à Minturnes*, tragédie qui obtint un succès complet.

On reprochait toujours aux comédiens de la rue de Richelieu de n'être pas à la hauteur de leurs concurrents dans la comédie proprement dite. Une nouvelle tentative fut entreprise. On donna le 15 juin l'*Intrigue épistolaire*, comédie en cinq actes, et la pièce réussit. L'auteur était Fabre d'Églantine, et les principaux interprètes Grandménil, Michot, Talma, Dugazon et Mlle Lange. Talma se révélait aussi bon comédien qu'il était puissant tragédien.

Mais Talma était toujours tourmenté par l'ombre de Shakespeare. Nous avons déjà expliqué à quel point il était initié aux secrets de ce génie prodigieux, lisant ses œuvres en anglais, et prêt au besoin à les interpréter dans cette langue. Or Talma fut, on peut le dire, l'introducteur de Shakespeare sur la scène française. Curieuse destinée que celle de ce poète dans la postérité ! Après avoir vécu sans gloire, il était entré avec la mort dans l'obscurité la plus profonde. Plus de cent ans se passent ; Voltaire apporte par hasard en France le nom de Will Shakespeare ; seulement il le connaissait si bien qu'au lieu de Will il l'appelait *Gilles !* Garrick apparaît alors sur la scène anglaise, et après Garrick surgit Kemble. Talma va se fixer à Londres, et voici Shakespeare sorti du néant. Est-ce donc aller trop loin que de dire à présent que Shakespeare est devenu populaire par Talma ? Le poète Ducis, à qui l'on doit *Hamlet*, *Macbeth*, et *le Roi Lear*, devait considérablement l'aider dans cette tâche. La tragédie de *Jean-Sans-Terre*, donnée rue Richelieu le 28 juin 1791, avait précisément emprunté ses principales données au poète anglais. Qui ne reconnaîtra encore ici les conseils de Talma?

Jean-Sans-Terre, c'est Talma. Le rôle est atroce; le jeu terrible de Talma lui prêta encore une teinte plus sombre. Monvel et Mlle Simon, une jeune actrice qui avait débuté quelques jours auparavant, lui donnaient fort convenablement la réplique.

Les pièces succèdent aux pièces; bien qu'on soit au plus fort de l'été, et que les événements politiques de la rue préoccupent plus les citoyens que le spectacle, les comédiens de la rue Richelieu sont infatigables. Le 7 juillet, ils donnent *Calas, ou l'École des juges*, tragédie en cinq actes de Chénier, dont le sujet ressemblait d'une étrange façon à celui d'un drame de Laya. Talma fit encore preuve de chaleur et d'énergie dans le rôle du magistrat Lasalle. Mais toute l'attention est fixée au dehors. Au mois de juin, le Roi s'est enfui des Tuileries, a été arrêté à Varennes et ramené à Paris. L'agitation va croissant dans les faubourgs. Le 27 juillet, le sang coule au Champ-de-Mars. On célèbre rue Richelieu l'apothéose de Voltaire, dont les restes sont transportés au Panthéon (1), et l'on

---

(1) Arnault a raconté cette translation en ces termes :
« Décrirai-je cette solennité? Elle fut vraiment magnifique
» dans son commencement. Des chars découverts où se trou-
» vaient en toilette brillante les actrices des grands théâtres
» suivaient le char triomphal. Autour marchaient les ac-

déclame à l'envie contre les despotes, les traîtres et les tyrans. Les comédiens du théâtre de la Nation, soupçonnés depuis longtemps d'aristocratie, sont forcés à leur tour d'accueillir des ouvrages grotesques. Dans de telles conditions le théâtre devient un club, et c'est ce qui arriva. Qu'on s'étonne après cela de la pauvreté de la littérature dramatique à cette époque !

Talma jugea qu'il était convenable, vu l'état des esprits, de reprendre le *Charles IX* de Chénier. En quittant le théâtre de la Nation, les comédiens réfractaires avaient emporté, d'un commun accord, quelques ouvrages, et de ce nombre se trouvait *Charles IX*, cause de tant de bruit. Talma reparut le 3 septembre dans le rôle qui avait commencé sa réputation. Mais les temps sont changés ! Ce qui soulevait des tempêtes naguère passe aujourd'hui presque inaperçu.

» teurs en costume héroïque. On se croyait à Athènes ; le
» temps était superbe, quand tout à coup le temps change ;
» l'illusion s'évanouit aussitôt. Entre les torrents que vomis-
» saient les gouttières et ceux qui grossissaient les ruisseaux,
» les dames les mieux empanachées ne sont plus que des
» poules mouillées, et les héros dans la boue ne ressemblent
» plus qu'à ces Romains de carnaval que je vous laisse à dé-
» signer par leur nom propre. »

XV

LE SALON DE JULIE

L'aimable Julie tient toujours son salon de la rue Chantereine ouvert à toutes les illustrations. Elle a embrassé avec ferveur les idées nouvelles. Elle a pleuré la mort de Mirabeau, blâmé la fuite de la famille royale, et applaudi à la suspension du Roi. Les plus fameux des Girondins viennent chez elle. M. Louis Lacour, dans une étude sur le grand monde de Paris avant et après la Terreur, nous laisse bien entrevoir ce que pouvait être un salon politique de cette époque (1). Le salon de Talma était tout à la fois un salon politique et littéraire. Voici d'abord, parmi les habitués du premier plan, Condorcet, l'ancien ami de d'Alembert,

(1) Le titre exact de ce petit volume est : *Grand monde et salons politiques de Paris après la Terreur*, fragments précédés d'une étude sur la société avant 1789, par Louis Lacour, Paris, 1861.

de Voltaire et Turgot. Il est un des fervents apôtres de la Révolution, et vote avec les Girondins. Mais on l'écoute surtout avec plaisir lorsqu'il développe son ardent amour pour l'humanité, et ses idées hardies sur la perfectibilité indéfinie de l'espèce humaine.

À côté de lui se tient Vergniaud, dont la parole tantôt grave, tantôt impétueuse, est toujours élégante et pleine d'images. Il brille à la tête du parti de la Gironde, et se déclare hautement l'ennemi des Jacobins. Il cause avec Guadet, son ancien collègue au barreau de Bordeaux, aujourd'hui comme lui député de la Convention. Quelquefois inégal, mais toujours sensible et entraînant, Guadet improvise facilement et avec grâce. Il est, comme Vergniaud, l'ennemi de Robespierre et de Marat. Enfin Gensonné, qui s'approche, forme avec Vergniaud et Guadet ce qu'on appela le triumvirat de la Gironde. C'est un bel orateur, vif, animé, sarcastique. On lui fera un crime d'avoir été l'ami et le confident de Dumouriez.

Voici encore Clavière, Suisse de naissance, mais Français de cœur et d'idées. Il a été l'ami de Mirabeau ; il est à présent ministre des finances. Mais dénoncé par Robespierre, il ne pourra soustraire sa tête au bourreau qu'en se donnant la mort. Voici Kersaint, ci-devant comte Lechat de Kersaint, ancien capitaine de vaisseau. C'est lui qui enleva aux Anglais, dans la Guyane, Demerary, Essequebo et

Berbice. Ami des Girondins, il périra comme eux sur l'échafaud. Voici Roland, ministre de l'intérieur, mari de la célèbre Mme Roland. Il s'empoisonnera en apprenant le supplice de sa femme.

Mais fuyons ce cercle politique, dont tous les membres nous apparaissent à nous, qui écrivons l'histoire, comme autant de condamnés à mort. Il n'y a pas une de ces têtes qui tienne solidement sur les épaules de celui qui la porte. On ne fait pas que de la politique dans le salon de Mme Talma, bien que la maîtresse du logis soit la plus ardente à soutenir la cause des Girondins, prenant la parole elle-même et donnant son avis. On s'y occupe aussi de littérature et de beaux-arts, et c'est bien le moins chez le premier tragédien de Paris. Passons donc dans un coin plus paisible, dans le coin des artistes, où l'on parle bien encore un peu politique, puisque la politique a tout envahi.

Nous y trouverons d'abord les deux Chénier, dont le plus jeune, Marie-Joseph, l'auteur de *Charles IX*, d'*Henri VIII*, et de la *Mort de Calas*, est tout à fait l'intime de la maison. N'est-ce pas à Talma que Chénier devait son succès de *Charles IX*? N'est-ce pas à Chénier que Talma devait sa réputation? Son frère, André Chénier, qui avait deux ans de plus que lui, et que sa mort a rendu si célèbre, ne venait chez Talma qu'à titre secondaire, amené par Marie-Joseph.

Marie-Joseph Chénier est l'auteur du moment. Enthousiaste des idées républicaines, il exprimera dans toutes ses pièces la haine du despotisme et un vif amour de la liberté. C'est ce qui en explique le succès considérable. Chénier fut l'auteur tragique de la Révolution : Talma en fut l'acteur. Ils se complétèrent l'un par l'autre.

Près des deux frères se tient Chamfort, personnalité bien curieuse. Ancien secrétaire du prince de Condé, puis lecteur de Mme Élisabeth, Chamfort est devenu l'ami de Mirabeau et le partisan de la Révolution. C'est celui des membres de l'Académie française qui, après La Harpe, s'est le plus violemment prononcé pour la Révolution, telle que la rêvaient Condorcet et les Girondins. Auteur dramatique, il est alors conservateur de la Bibliothèque nationale, poste auquel l'a nommé Roland. Chamfort est surtout connu par son esprit : on cite les réparties de Chamfort. Bien mieux, plus tard, en 1800, on publiera en un volume les bons mots de Chamfort. Hélas ! Chamfort ne devait pas être plus heureux que ses amis politiques. Jeté en prison pour avoir osé blâmer les violences du parti révolutionnaire, le malheureux devait mourir des suites des blessures qu'il s'était faites en essayant de se poignarder.

Voici le compositeur Méhul, l'heureux auteur d'*Euphrosine* et de *Coradin*; c'est lui qui mit en musique le *Chant du départ*. Il médite encore une

symphonie ou une cantate. Il vante à Ducis la
vérité musicale et le pathétique de Gluck dont il
fut l'élève. Ducis, l'heureux auteur d'*Hamlet*, de
Roméo et Juliette, du *Roi Lear* et de *Macbeth*, lui
répond en lui parlant de Shakespeare, son modèle,
et l'entretient du rôle d'*Othello*, dont il écrit en ce
moment les vers en vue de Talma. Le poète
Arnault, encore bien jeune, ne sera reçu qu'un peu
plus tard dans ce cercle de gens connus. Nous
citerons encore Dulaure, membre de la Convention, le futur auteur de l'*Histoire de Paris;* Rœderer, l'un des rédacteurs du *Journal de Paris*, où il
osa défendre Louis XVI après le 10 août; Lenoir,
le créateur du Musée des monuments français, et
une foule de noms moins en vue, comme Riouffe,
Souques, Allard, Millin, Langlès, Gorsas. Ils entourent David, le grand peintre David, qui a offert
récemment à l'Assemblée l'esquisse de son tableau
le *Serment du jeu de paume*. Passionné pour les
républiques de l'antiquité, il espère en transplanter
chez nous les institutions. C'est chez lui que
Talma ira prendre conseil pour se vêtir en Brutus
ou en Néron. Et tout ce monde va, vient, cause et
s'agite dans des salons, dont la prétention est de
se modeler sur l'ornementation grecque et romaine.
Partout de faux vases étrusques, partout de faux meubles romains; les meubles imités de ceux de Pompeï
sont en bois d'acajou ; enfin, les bougies ont fait
place aux lampes. M. Lacour, déjà nommé, par-

lant en général de l'ameublement de cette époque, appelle tout cet attirail des « ornements sépulcraux » d'un très bon style ». En quoi il a passablement raison.

Faut-il parler de la toilette des dames, qui ne portent plus ni corsets, ni buscs, ni jupons ? Quelques années plus tard, sous le Directoire, on proscrira bien la chemise. — Ce ne sont que tuniques drapées à l'antique, et, autour du cou, sur la poitrine, dans les cheveux, des camées, des médaillons de toutes couleurs et de toutes grandeurs, suspendus par des chaînes ou fixés sur des aiguilles.

Les différents mémoires que nous avons consultés, et auxquels nous avons arraché un par un les noms des hôtes habituels du salon de Talma vers 1792, omettent avec soin de nous donner des noms de femmes. La maîtresse de la maison, l'aimable Julie, trônait-elle en souveraine et sans partage ? ou jugeait-elle que cette politique, dont elle était si friande, n'était pas faite pour ses compagnes ? Il est bien à supposer que Roland, par exemple, amena sa femme chez Talma. Ou Mme Roland à son tour refusait-elle d'aller chez Julie Careau ? On peut bien croire aussi que des actrices du théâtre de la rue Richelieu, comme Mme Vestris, Mlle Desgarcins ou Mlle Simon étaient reçues chez Talma. Mais alors que signifie la sauvagerie de Talma, se réfugiant dans sa cuisine pour échapper à la cohue ? On ne parlait pas toujours politique. Benjamin Constant nous dit très bien que Julie avait la gaîté la plus piquante et la plaisanterie la plus légère. Enfin, ajoute-t-il, « Julie » parlait sur l'amour avec toute la délicatesse et » la grâce d'une femme, mais avec le sens et la » réflexion d'un homme. »

Que faut-il en conclure ? Il venait assurément des personnes du sexe faible chez Talma, nous le verrons tout à l'heure par le récit de la fête donnée à Dumouriez, mais c'était peut-être dans de grandes réceptions et exceptionnellement. Quoique cela puisse paraître étrange, ce salon, qui aurait dû être le salon littéraire de Talma, était plutôt le salon politique de Julie. Et c'est bien ce qui faillit perdre le tragédien, dont on a voulu faire un homme politique bien à tort, mais que les opinions et les relations de sa femme conduisirent presque sur les marches de l'échafaud.

L'événement le plus retentissant qui mit en émoi l'hôtel Chantereine fut la fête offerte à Dumouriez et que Marat vint troubler par un scandale. Mais, avant de commencer ce récit, passons rapidement en vue les événements qui se succédèrent aussi bien sur la scène politique que sur la scène de la rue Richelieu pendant l'année 1792.

XVI

LE THÉATRE DE LA RUE RICHELIEU EN 1792

Talma avait clôturé l'année 1791, en jouant trois rôles à succès : le prince époux de Zuleïma, dans *Abdelazis et Zuleïma*, tragédie d'André Murville (3 octobre); Alonzo, dans *la Vengeance*, tragédie imitée de l'anglais par Dumaniant (26 novembre), rôle taillé pour Talma sur le patron d'Othello de Shakespeare ; et Monval dans *Mélanie* de La Harpe (7 décembre), création dans laquelle il peignait toute l'ivresse de l'amour. L'année 1792, qui s'ouvrait, s'annonçait comme devant être mauvaise pour les recettes. L'orage grondait de toutes parts. On se préparait à la guerre, et l'on s'occupait plus des discours de Gensonné ou de Guadet, ou de l'apparition de Dumouriez au ministère des affaires étrangères que de la première représentation d'un ouvrage. *Caïus Gracchus*, tragédie de Chénier, fut joué dans ces conditions, le 7 février. La pièce, d'ailleurs, ne se soutenait guère que par le pathos révolutionnaire dont elle est remplie. Talma tenait le rôle de Fulvius Flaccus. Sur la motion d'un citoyen, le drapeau national fut arboré solennellement pendant la représentation.

L'alarme devient bientôt générale dans Paris. L'Assemblée se déclare en permanence, un camp de 20,000 fédérés s'organise sous Paris, et Dumouriez part pour l'armée. Les événements se précipitent; on connaît la journée du 10 août : les Tuileries sont assiégées, Robespierre triomphe, la famille royale est enfermée au Temple, et Dumouriez est nommé général en chef de l'armée du Nord.

Le théâtre de la rue Richelieu ayant toujours été pour les idées nouvelles, tandis que le théâtre de la Nation (la Comédie-Française véritablement officielle) était resté attaché aux anciens principes, une situation toute nouvelle était créée pour ces deux théâtres après la journée du 10 août. Tandis que *Mérope*, *Didon*, *la Partie de chasse de Henri IV*, *Athalie*, et une foule d'autres ouvrages étaient proscrits au faubourg Saint-Germain, la rue Richelieu donnait *Brutus*, *la Mort de César*, *Guillaume Tell*, *Caïus Gracchus*, *le Despotisme renversé*. Enfin la représentation ne se terminait jamais sans qu'un spectateur ne vînt hurler une chanson dite patriotique. « Tous les hommes honnêtes, écrivent » Étienne et Martainville dans leur *Histoire du* » *Théâtre-Français pendant la Révolution*, tous les

» hommes honnêtes s'éloignaient d'un lieu qu'une
». bande d'illuminés remplissaient chaque soir
» d'épouvante et de terreur. »

Les recettes devinrent nulles, ou à peu près. Du 10 au 30 août, chaque théâtre ne donna pas moins de quatre ou cinq représentations au profit des veuves et des enfants de *nos frères* morts pendant la journée du 10 août. Le théâtre de la rue Richelieu changea de nom, et s'appela *Théâtre de la Liberté et de l'Égalité*. A la nouvelle de la prise de Longwy par les Prussiens (22 août), l'agitation augmenta dans Paris. On commença les visites domiciliaires, les suspects furent arrêtés. Puis sur la fausse nouvelle que Verdun a été livré, Danton fait battre la générale et sonner le tocsin. Le 2 septembre est un dimanche. Le tumulte va croissant, la ville est debout, les massacres commencent dans les prisons et se prolongent pendant plusieurs jours. Tous les théâtres sont fermés. Le 20 septembre, Dumouriez gagnait la bataille de Valmy.

Le théâtre de la rue Richelieu rouvrit timidement ses portes le 27. C'est à cette époque que se place le voyage de Dumouriez à Paris, et la fête à laquelle il assista chez Talma. La frontière de Champagne délivrée de la grande invasion, Dumouriez rêvait de se porter au secours de Lille assiégée, et d'envahir les Pays-Bas. Il demanda la permission de se rendre à Paris pour quelques jours seulement, afin de se concerter avec les ministres sur le plan général des opérations.

Dumouriez arriva à Paris le 11 octobre. Dans ses Mémoires (1), Dumouriez dit qu'il y arriva le 16, absence de mémoire évidemment, puisqu'il prononça un discours à l'Assemblée le 12, lendemain de son arrivée. Il déclare ne venir que pour quatre jours, son armée étant en marche au secours de Lille. Sa position était assez embarrassante : la violence des Jacobins lui répugnait, et il avait rompu quelques mois avant avec les Girondins. Mais la victoire fait pardonner bien des choses, et l'on ne voulait voir en lui que le vainqueur de Valmy. Aux Jacobins Dumouriez fut reçu par Danton. Il y fut applaudi. Il promit, « avant la fin du mois,
» de marcher à la tête de soixante mille hommes,
» pour attaquer les rois et sauver les peuples de
» la tyrannie. »

Danton s'empara de Dumouriez et lui fit les honneurs de la nouvelle République. Laissons maintenant la parole à M. Thiers (2) :

« Ces salons si brillants, où les hommes célèbres
» jouissaient autrefois de la gloire, où, pendant
» tout le dernier siècle, on avait écouté et applaudi
» Voltaire, Diderot, d'Alembert, Rousseau, ces
» salons n'existaient plus. Il restait la société simple

(1) *Mémoires de Dumouriez*, par Berville et Barrière, 4 volumes, Paris, 1822. — Tome III, page 109.
(2) *Histoire de la Révolution française*, tome III, page 63, édition Furne, Paris, 1846.

» et choisie de Mme Roland, où se réunissaient
» tous les Girondins, le beau Barbaroux, le spiri-
» tuel Louvet, le brave Buzot, le brillant Guadet,
» l'entraînant Vergniaud, et où régnaient encore
» une langue pure, des entretiens pleins d'intérêts
» et des mœurs élégantes et polies. Les ministres
» s'y réunissaient deux fois la semaine, et on y
» faisait un repas composé d'un seul service.
» Telle était la nouvelle société républicaine, qui
» joignait aux grâces de l'ancienne France le sé-
» rieux de la nouvelle, et qui allait bientôt dispa-
» raître devant la grossièreté démagogique. Du-
» mouriez assista à l'un de ces festins si simples,
» éprouva d'abord quelque gêne à l'aspect de ces
» anciens amis qu'il avait chassés du ministère, de
» cette femme qui lui semblait trop sévère, et à
» laquelle il paraissait trop licencieux; mais il sou-
» tint cette situation avec son esprit accoutumé,
» et fut touché surtout de la cordialité sincère de
» Roland.

» Après la société des Girondins, celle des
» artistes était la seule qui eût survécu à la dis-
» persion de l'ancienne aristocratie. Presque tous
» les artistes avaient embrassé chaudement une
» révolution qui les vengeait des dédains nobi-
» liaires, et qui ne promettait de faveur qu'au
» génie. Ils accueillirent Dumouriez à leur tour,
» et lui donnèrent une fête où furent réunis tous
» les talents que renfermait la capitale. Mais au

» milieu même de la fête, une scène étrange vint
» l'interrompre et causer autant de dégoût que
» de surprise. »

Ici s'élève un doute : où cette fête eut-elle lieu ? Nous l'avons dit : chez Talma. Tous les historiens pourtant ne sont pas d'accord sur ce point. Voici ce que dit M. Thiers : « Dumouriez assistait
» à une fête que lui donnait Mlle Candeille, femme
» célèbre alors. »

Mlle Candeille était une actrice du théâtre de la rue de Richelieu qui avait commencé sa réputation par le rôle de la *Jeune hôtesse*, dans la pièce de ce nom, jouée sur cette scène le 7 janvier 1792. Elle avait encore paru tout récemment dans la reprise des *Faux serments* de Marivaux, le 30 août. Elle jouissait d'une grande réputation, et possédait beaucoup de crédit sur le public.

Où donc M. Thiers a-t-il pris ce détail ? Dans les Mémoires de Dumouriez ? Nous y sommes allé voir, et nous y avons lu ceci :

« On le mena (Dumouriez) à deux spectacles
» où il fut fort applaudi, et une femme célèbre de
» Paris lui donna une jolie fête, dont tous les vir-
» tuoses de tous les spectacles de Paris lui firent
» les honneurs. Plusieurs membres de la Conven-
» tion et plusieurs ministres assistèrent à cette
» fête, qui fut un moment interrompue par une
» scène très ridicule. »

Quelle femme célèbre ? Les Mémoires ne citent

pas de nom, et vous remarquerez que ces Mémoires n'ont pas été écrits par Dumouriez lui-même, mais recueillis par Berville et Barrière. M. Thiers a pris à coup sûr son renseignement dans la note de l'éditeur, qui est ainsi conçue :

« Cette femme célèbre dont parle ici Dumouriez
» était Mlle Candeille. Après avoir paru tour
» à tour avec succès sur la scène de l'Opéra et
» sur la scène française, Mlle Candeille a composé
» plusieurs ouvrages qui ont eu quelque succès,
» et s'est fait un nom comme auteur et comme
» musicienne. Parmi les acteurs qui assistaient à
» la fête, où se trouvaient également des membres
» du parti girondin, on remarquait Talma ; et
» c'est ce fait qui a induit en erreur les auteurs
» de la biographie de Bruxelles : suivant eux, Talma
» aurait donné lui-même la fête au général Du-
» mouriez. Quoi qu'il en soit, cette circonstance
» devint par la suite le motif de dénonciation
» que le parti montagnard multiplia contre ce
» grand artiste. Traduit le 3 octobre 1793 devant
» le tribunal révolutionnaire comme complice des
» fédéralistes et de Dumouriez, accusé d'avoir
» fait de sa maison un lieu de réunion de conspi-
» rateurs, Talma n'échappa que par miracle à
» l'échafaud. » (*Note des nouveaux éditeurs.*)

XVII

DUMOURIEZ CHEZ TALMA.

Nous ferons remarquer d'abord qu'il y a une nuance considérable entre donner une fête et assister à une fête ; mais, sans entrer dans les subtilités, nous trouverons la preuve de ce que nous avons avancé dans le récit même que fit Marat de cette entrevue, à savoir que la fête donnée à Dumouriez par les artistes ou par Talma eut bien lieu dans la maison même de Talma, rue Chantereine. Nous ne pouvons mieux faire que de citer l'extrait du *Journal de la République française* contenant le récit, fait par Marat, dans son numéro du mercredi 17 octobre 1792 :

« Nous le savions (Dumouriez) de retour des
» Variétés ; nous allâmes le chercher au club du
» D. Cypher, où l'on nous dit qu'il devait se
» rendre : peine perdue. Enfin nous apprîmes *qu'il*
» *devait souper rue Chantereine, dans la petite maison*
» *de Talma.* Une file de voitures et de brillantes

» illuminations nous indiquèrent le temple où le
» fils de Thalie fêtait un enfant de Mars. »

Voilà une assertion qui vaut mieux que toutes les notes de tous les éditeurs réunis. Il ne nous reste plus qu'à reconstituer la scène avec tous les documents que nous avons sous la main. C'est à qui fêtera le vainqueur de Valmy ; on a mené Dumouriez au théâtre ; après le spectacle, les artistes se trouvent réunis chez Talma. La garde nationale y monte la garde en dedans et en dehors, en l'honneur du général. On a construit pour la circonstance, dans le jardin, un pavillon qui fait suite aux appartements du rez-de-chaussée. Chénier, Chamfort, Méhul, Millin, Langlès, Riouffe, David, Ducis, presque tous les députés de la Gironde, tous les principaux artistes des théâtres de Paris, hommes et femmes, se pressent dans les salons. Marat, jaloux de tous les hommes entourés de la faveur publique, ne pouvait voir dans Dumouriez qu'un aristocrate de mauvaises mœurs. Toujours en quête de dénonciations, il avait appris que Dumouriez avait sévi contre deux bataillons de volontaires qui avaient égorgé des déserteurs prussiens ou émigrés. Il ne lui en faut pas davantage. Il se rend aux Jacobins, prononce un virulent discours contre le général, et demande qu'on lui adjoigne deux commissaires pour aller demander à Dumouriez compte de sa conduite. Les citoyens Monteau et Bentabolle sont chargés de l'accompagner. Alors commence une course dans Paris à la recherche du général, qu'il découvre enfin chez Talma. Laissons parler Marat :

« A la porte était Santerre, général de l'armée
» parisienne, faisant les fonctions de laquais et
» d'introducteur. Il m'annonce tout haut dès
» l'instant qu'il m'aperçoit; indiscrétion qui me
» déplut très fort, en ce qu'elle pouvait faire éclipser
» quelques masques intéressants à connaître. Ce-
» pendant j'en vis assez pour tenir le fil des intrigues.
» Je ne parlerai pas d'une dizaine de fées destinées
» à parer la fête. Probablement la politique n'était
» pas l'objet de leur réunion. Je ne dirai rien non
» plus des officiers nationaux qui faisaient leur
» cour au grand général, ni des anciens valets de
» la Cour qui formaient son cortège sous l'habit
» d'aides de camp. *Enfin je ne dirai rien du maître*
» *du logis, qui était au milieu d'eux en costume d'his-*
» *trion*. Mais je ne puis me dispenser de déclarer,
» pour l'intelligence des opérations de la Conven-
» tion et la connaissance des escamoteurs de décrets,
» que dans l'auguste compagnie étaient Kersaint,
» le grand faiseur de Lebrun, et Roland, Lasource...
» Chénier, tous suppôts de la faction de la Répu-
» blique fédérative; Dulaure et Gorsas, leurs galo-
» pins libellistes. Comme il y avait cohue, je n'ai
» distingué que ces conjurés; peut-être étaient-ils
» en plus grand nombre; et comme il était de
» bonne heure encore, il est probable qu'ils

» n'étaient pas tous rendus ; car les Vergniaud, les
» Buzot, les Camus, les Rabaud, les Lacroix, les
» Guadet, les Barbaroux, et autres meneurs, étaient
» sans doute de la fête, puisqu'ils sont du conci-
» liabule.

» Avant de rendre compte de notre entretien
» avec Dumouriez, je m'arrête ici un instant pour
» faire, avec le lecteur judicieux, quelques obser-
» vations qui ne seront pas déplacées. Conçoit-on
» que ce généralissime de la République, qui a
» laissé échapper le roi de Prusse à Verdun, et
» qui a capitulé avec l'ennemi, qu'il pouvait forcer
» dans ses camps et réduire à mettre bas les armes
» au lieu de favoriser sa retraite, ait choisi un
» moment aussi critique pour abandonner les
» armées sous ses ordres, courir les spectacles,
» s'y faire applaudir, et se livrer à des orgies, chez
» un acteur, avec des nymphes de l'Opéra ?

» Dumouriez a couvert les motifs secrets qui
» l'appellent à Paris du prétexte de concerter avec
» les ministres le plan des opérations de la cam-
» pagne. Quoi ! avec un Roland, frère coupe-choux
» et petit intrigant, qui ne connaît que les basses
» menées du mensonge et de l'astuce ! Avec un
» Lepage, digne acolyte de Roland, son protec-
» teur ! Avec un Clavière, qui ne connaît que les
» rubriques de l'agiotage ! Avec un Garat, qui ne
» connaît que les phrases précieuses et le manège
» d'un flagorneur académique ! Je ne dirai rien

» de Monge : on le croit patriote; mais il est
» aussi ignorant des opérations militaires que ses
» collègues, qui n'y entendent rien. Dumouriez
» est venu se concerter avec les meneurs de la
» clique qui cabale pour établir la République
» fédérative; voilà l'objet de son équipée.

» En entrant dans le salon où le festin était
» préparé, je m'aperçus très bien que ma présence
» troublait la gaîté; ce qu'on n'a pas de peine à
» concevoir, quand on considère que je suis l'épou-
» vantail des ennemis de la patrie. Dumouriez
» surtout paraissait déconcerté; je le priai de pas-
» ser avec nous dans une autre pièce, pour l'en-
» tretenir quelques moments en particulier. »

Ici les versions diffèrent; à entendre Marat, il apostropha vivement Dumouriez, lui demandant compte de sa conduite, et de quel droit il avait sévi contre deux bataillons de volontaires qui avaient égorgé quatre déserteurs, prussiens selon Dumouriez, émigrés selon Marat. Dumouriez, toujours d'après Marat, se serait contenté de répondre qu'il avait envoyé toutes les pièces au ministre, et qu'il s'en référait à la Convention; bref il aurait refusé de s'expliquer davantage, prétextant le trop de vivacité de son interlocuteur.

Dumouriez, dans ses Mémoires, n'en dit pas si long : « Le général, le toisant avec mépris, lui
» répondit : Ah ! c'est vous qu'on appelle Marat?
» je n'ai rien à vous dire. Et il lui tourna le dos.

» Alors ne connaissant pas les autres commis-
» saires, il s'adressa à eux, et leur fit, ou crut leur
» faire entendre raison. Ils se retirèrent et la fête
» continua. »

La fête continua en effet, mais la présence de Marat avait jeté un certain froid. Il faut entendre Marat raconter sa sortie :

« J'étais indigné de tout ce que j'avais entendu,
» de tout ce que je pressentais d'atroce dans
» l'odieuse conduite de nos généraux. Ne
» pouvant plus y tenir, je quittai la partie, et
» je vis avec étonnement dans la pièce voisine,
» dont les portes étaient béantes, plusieurs hei-
» duques de Dumouriez, le sabre nu à l'épaule.
» J'ignore quel pouvait être le but de cette farce
» ridicule; si elle avait été imaginée pour m'in-
» timider, il faut convenir que les valets de Du-
» mouriez ont de grandes idées de liberté. Prenez
» patience, Messieurs, nous vous apprendrons à
» la connaître. En attendant, croyez que votre
» maître redoute bien plus le bout de ma plume
» que je n'ai peur des sabres de ses chenapans. »

Le fameux chevalier de Saint-George, qui s'était fait une réputation par son talent pour l'escrime, et qui accompagnait Dumouriez en sa qualité d'officier, voulait absolument se jeter sur Marat. Il était plaisant de voir ce mulâtre, d'une force peu commune, se démener et montrer le poing à celui que Danton appelait son *Boulle-dogue* (sic). L'assemblée toute entière était indignée du scandale causé par Marat.

Voici enfin le récit d'un témoin oculaire qu'on ne saurait soupçonner de parti pris en politique ; c'est le récit de Mme Louise Fusil (1) : « J'ai retrouvé,
» dit-elle, le récit de la fête donnée à Talma le 16
» octobre 1792, dans une lettre que j'écrivais le
» lendemain à Mme Lemoine-Dubarry. » Nous en
» citerons quelques passages :

« Je né sais comment vous raconter la scène
» bizarre et la plus effrayante qui se soit vue, je
» crois. Pour fêter le général Dumouriez après ses
» conquêtes de Belgique, Julie Talma et son mari
» avaient réuni tous leurs amis dans leur jolie mai-
» son de la rue Chantereine. Vergniaud, Brissot,
» Roger-Ducos, Boyer, Fonpède, Millin, le général
» Santerre, J.-M. Chénier, Dugazon, Mme Vestris,
» Mlles Desgarcins et Candeille, Allard, Souque,
» Riouffe, Coupigny, nous et plusieurs autres fai-
» saient partie de cette réunion. Mlle Candeille était
» au piano lorsqu'un bruit confus annonça l'entrée
» de Marat, accompagné de Dubuisson, Pereyra (juif
» polonais) et Roly, membres du comité de sûreté
» générale. C'est la première fois de ma vie que
» j'ai vu Marat, et j'espère que ce sera la dernière.
» Mais si j'étais peintre, je pourrais faire son por-
» trait, tant sa figure m'a frappée. Il était en carma-

(1) *Souvenirs d'une actrice*, chap. XX, p. 277.

» gnole, un mouchoir de madras rouge et sale au-
» tour de la tête, celui avec lequel il couchait pro-
» bablement depuis fort longtemps. Des cheveux
» gras s'en échappaient par mèches, et son cou
» était entouré d'un mouchoir à peine attaché. Je
» n'ai pas oublié un mot de son discours. Le voici :

« Citoyen, une députation des amis de la liberté
» s'est rendue au bureau de la Guerre pour y com-
» muniquer les dépêches qui te concernent. On
» s'est présenté chez toi, on ne t'a trouvé nulle part.
» Nous ne devions pas nous attendre à te trouver
» ici, dans une semblable maison, au milieu de
» concubines et de contre-révolutionnaires. »

Talma s'avança, et lui dit :

— Citoyen Marat, de quel droit viens-tu chez moi, insulter nos femmes et nos sœurs ?

— Ne puis-je, ajouta Dumouriez, me reposer des fatigues de la guerre, au milieu des arts et de mes amis, sans les entendre outrager par des épithètes indécentes ?

— Cette maison est un foyer de contre-révolution ! s'écria Marat.

Et il sortit en proférant les plus effroyables menaces.

C'est alors que Dugazon qui, par ses bouffonneries, faisait toujours diversion aux scènes sérieuses, jugea le moment opportun de changer la tournure de la conversation. Après le départ de Marat, il alla chercher un réchaud, et y brûla du sucre sur ses traces, afin de purifier l'air, disait-il. C'est ce même Dugazon qui se fera arrêter le jour des funérailles de Marat et mettre au corps de garde du Palais-Royal où il passera la journée. Et comme il s'informera le soir du motif de son arrestation, on lui répondra qu'il n'était pas digne d'assister à l'apothéose de ce grand homme.

Mme Fusil, qui décidément est un historien très fidèle, a pris la peine de réfuter les erreurs accréditées relativement à cette fête, donnée par Talma au général Dumouriez.

« Je fus bien surprise en lisant, il y a quelques
» années, dans un ouvrage intitulé *les Girondins*,
» les phrases suivantes sur cette soirée :

« On donnait un bal chez Mlle Candeille, de qui
» Talma avait emprunté la maison pour y fêter le
» retour du général Dumouriez. Les femmes y
» étaient costumées à la grecque et dans une nudité complète. Talma animait cette fête, dans laquelle se rencontraient Mme Roland, Mlle Monvel
» et beaucoup d'autres. »

Alors suit un dialogue fort bizarre dans lequel Talma dit : « Allons, Mesdemoiselles, on vous
» attend pour danser ! »

Si l'on eût mieux connu les faits, ajoute Mme Fusil, on n'aurait pu ignorer que Julie Talma possédait encore sa jolie maison de la rue Chantereine dont elle faisait trop bien les honneurs pour que son mari eût besoin de s'adresser à

Mlle Candeille, qui, d'ailleurs, n'avait pas de maison, et qui était seulement au nombre des invités.

On devait faire de la musique, et tous les artistes se firent un plaisir d'être agréables à Julie dans cette soirée. Les dames n'y étaient pas en costume romain, pour la raison que l'on était en 1792 et que ces modes ne furent adoptées que sous le Directoire et au commencement du Consulat en 1797.

L'immodestie de ce costume ne se fit donc pas remarquer dans cette réunion. Il n'y avait pas de bal, et Mme Roland ne s'y trouvait pas. Talma ne put donc pas dire : « Venez, Mesdemoiselles, on » vous attend pour danser. » Mlle Monvel avait alors quatre ans, et Mme Roland parut toujours peu disposée à la danse.

A la fin du souper, Dugazon improvisa encore une scène dans laquelle il imitait, de la manière la plus comique, le baragouin d'un soldat autrichien qu'un sergent français aurait fait prisonnier. Tout se termina par des rires.

Dumouriez reprit le chemin de la Belgique ; il s'en allait vaincre à Jemmapes. Pendant ce temps, les Jacobins faisaient à Talma un crime de cette fête, et, le lendemain, on criait dans Paris avec la feuille de l'*Ami du peuple* :

« Détails de la fête donnée au traître Dumou-
» riez par les aristocrates, chez l'acteur Talma,
» avec les noms des conspirateurs qui s'étaient
» proposé d'assassiner l'ami du peuple ! »

XVIII

LES COMÉDIENS FRANÇAIS DÉNONCÉS

« Les crises violentes dont la Révolution m'a
» rendu témoin m'ont souvent servi d'étude, »
a dit Talma. Et en effet les comédiens allaient traverser de rudes épreuves.

La fin de l'année théâtrale 1792 avait été marquée par la création par Talma du terrible rôle d'Othello. Ducis avait écrit sa pièce d'après son modèle favori, Shakespeare, suivant l'original, presque scène par scène. Cette tragédie obtint un grand succès, et ce rôle mit le sceau à la réputation de Talma déjà fort grande. C'est qu'il avait trouvé sa véritable voie dans ces rôles terribles, bien qu'il s'acharnât, comme la plupart des artistes, à se montrer dans des rôles qui convenaient moins bien à sa nature. C'est ainsi qu'il recherchait toujours les rôles exigeant de la sensibilité, tandis qu'il excellait dans ceux empreints d'une mélancolie profonde, ou d'une férocité sans égale.

La triste année suivante débuta par un événement qui fit grand bruit dans le monde des théâtres. La troupe rivale de la rue Richelieu, le théâtre de la Nation, donna, le 3 janvier 1793, l'*Ami des Lois*, cruelle satire contre les Jacobins. Homophage, c'est Robespierre; Duricrane, c'est Marat, ou du moins le public se plut à les reconnaître sous ces masques. Nous ne citerons que quelques vers pour donner une idée de la force du pamphlet :

> Que tous ces charlatans, populaires larrons,
> Et de patriotisme insolents fanfarons,
> Purgent de leur aspect cette terre affranchie !
> Guerre ! guerre éternelle aux faiseurs d'anarchie !

Une telle protestation, en semblable moment, était de l'audace. La pièce fit grand scandale. Un arrêté de la Commune, défendant l'*Ami des Lois*, fut placardé le 12 janvier, mais la perte du Théâtre-Français du faubourg Saint-Germain était en principe résolue. L'auteur, le courageux Laya, osa même réclamer. C'était tout simplement avoir envie de risquer sa tête.

Le théâtre de Talma, lui, tenait toujours bon contre la tempête. Mais à quelles conditions ! Il est presque honteux pour l'histoire de passer en revue les scènes grotesques qui eurent lieu dans cette salle, et de raconter à quel degré d'abaissement les comédiens durent descendre pour sauvegarder

leur établissement et leurs vies. On ne peut s'empêcher même de faire un rapprochement entre le règne de la Commune de 1793 et celui de la Commune de 1871, lorsque la Comédie se demanda une seconde fois si elle allait vivre ou mourir. On se rappelle le voyage à Londres fait par une moitié du personnel, tandis que l'autre moitié continuait tant bien que mal à donner des représentations à Paris. « Quant à la manière de vivre avec
» le gouvernement de la Commune, nous dit
» M. Georges d'Heylli dans son étude : *La Comédie-*
» *Française pendant le Siège et la Commune* (1), elle
» était dictée par la nécessité, mieux encore par la
» force même des choses : et il fallait, au besoin, lui
» résister jusqu'à la dernière extrémité, mais tout
» d'abord avoir l'apparence de lui obéir. » C'est ainsi que la Comédie-Française fut sauvegardée.

Il en fut de même en 1793. Seulement il n'y avait pas en ce temps-là de voyage à Londres qui pût relever l'état de la caisse. C'est pourquoi il ne faut plus trop s'étonner du répertoire bizarre qui remplaça celui des maîtres, et des pièces comme *le général Dumouriez à Bruxelles* ou *les Vivandiers*, pièce qui devait conduire sur l'échafaud son auteur, la fameuse Olympe Degouge. A la seconde représentation la plupart des spectateurs s'élancent sur le théâtre et dansent la carmagnole !

(1) Journal *Le Correspondant*, 10 février 1885.

C'est qu'on vivait dans un temps où chacun affectait de parler un langage qui n'était pas toujours en rapport avec les sentiments. Le poète Arnault raconte à ce sujet une aventure assez plaisante. Il y avait au théâtre de la rue Richelieu un artiste, totalement oublié depuis longtemps, qui s'appelait Alexandre. Alexandre exécutait les idées de Talma, et l'aidait à confectionner le mobilier dramatique. Quant au reste, c'était, paraît-il, « un des homme les moins déliés qui fussent au » monde. » Il parlait le langage des territoristes les plus forcenés. Laissons Arnault continuer le récit :

« Un jour pourtant où il avait enchéri sur ses
» exagérations accoutumées, Talma ne put pas
» s'en tenir. Le tirant à part, il lui en fit reproche
» devant moi :
» — Que tu es bon ! répondit Alexandre ; est-ce
» que tu crois que je pense tout cela ? — Pour-
» quoi donc le dire ? — Parce que ce terroriste
» nous écoutait. — De qui donc veux-tu parler?
» — De qui ? De ce petit Bouchez (ainsi se nom-
» mait le dessinateur du théâtre de la République) ;
» toutes les fois qu'il est près de moi, j'en dis au-
» tant. J'en dirais davantage si je le pouvais. —
» Et pourquoi donc ? — Parce que, si je parlais
» autrement, il me dénoncerait aux Jacobins et
» me ferait guillotiner. — Lui ! je vous croyais
» amis ! — Nous amis ? Allons donc ! — Vous

» vous tutoyez. — Qu'est-ce que cela prouve?
» Est-ce que tous les gueux ne se tutoient pas
» aujourd'hui? — Soit; mais vous vous appelez
» amis. — C'est vrai encore; mais je ne l'aime
» pas plus pour cela, le vilain homme. Ah! que
» je *l'haïs*, que je *l'haïs*, que je *l'haïs*! Mais le voilà
» qui revient, je vais recommencer. » Et il recommença.

Le niveau littéraire se releva un peu avec *Fénelon*, de Chénier, pièce représentée le 9 février sur le théâtre de la rue Richelieu; Talma jouait dans ce drame, violente attaque contre les religieuses et leur esprit de vengeance, le rôle de Delmance, à côté de Monvel qui représentait Fénelon. Mais les créations de Talma deviennent rares. Le temps n'est pas propice aux grandes révélations artistiques. Si nous citons encore le rôle de Mutius Scévola que remplit Talma dans la pièce de ce nom (23 juillet), nous aurons tout cité pour cette année. Le seul fait vraiment remarquable au point de vue théâtral fut la suppression de la clôture annuelle de Pâques. Les directeurs de théâtre ne se plaignirent pas de l'abolition de cet ancien usage qui les privait de 15 jours de recettes dans un moment de l'année où le public va encore très volontiers au spectacle.

Nous avons eu souvent l'occasion de parler des tendances aristocratiques ou réactionnaires, comme vous voudrez, des comédiens du théâtre de la

Nation. Nous avons raconté, quelques lignes plus haut, le scandale produit par la représentation de l'*Ami des Lois* de Laya, et nous avons dit que la perte des comédiens avait été décidée en principe. La représentation de *Paméla* devait mettre le feu aux poudres, puisqu'elle fut suivie de leur emprisonnement. Mais nous nous arrêterons volontiers sur ce sujet, parce que des accusations absurdes ont pesé sur Talma et sur ses camarades à propos de cet acte de force. On a insinué que les deux troupes étant rivales, la seconde, celle de la rue Richelieu, avait tout intérêt à faire disparaître la première, celle du faubourg Saint-Germain. Évidemment oui, les deux troupes étaient rivales, qui le nie ? Mais entre une rivalité et une action criminelle, il y a loin. Nous allons une bonne fois pour toutes faire table rase de ces calomnies et raconter comment les choses se sont passées, en fournissant des preuves à l'appui de nos affirmations.

Les comédiens du théâtre de la Nation étaient depuis longtemps détestés de tout le parti révolutionnaire. Les anciens comédiens du Roi se prêtaient mal aux mœurs nouvelles.

Leurs opinions anti-révolutionnaires étaient bien connues. Un jour Arnault se présente chez David pour lui demander des dessins pour les costumes et les accessoires d'une de ses tragédies. Or David, le farouche conventionnel David, se faisait un plaisir d'habiller Talma et ses camarades. Il aperçoit des fleurs de lys sur le gilet et sur la cravate du jeune Arnault.

« Je n'ai pas de dessins pour quelqu'un qui » porte ce que vous portez-là, » lui dit-il.

« Les acteurs à qui je racontai le fait, » ajoute Arnault, « et qui *partageaient mes opinions*, » s'adressèrent alors à Vincent, chef d'une école rivale de celle de David.

Les comédiens de la rue Richelieu, au contraire, n'avaient rien négligé pour plaire aux goûts du jour. L'*Ami des Lois* avait été la provocation. *Paméla* ne fut que le prétexte. La pièce de *Paméla*, de François de Neufchâteau, espèce d'imitation de *Nanine* de Voltaire, ne contient en elle-même rien de remarquable. La servante Paméla est sur le point d'épouser son maître, lorsqu'elle apprend qu'elle est la fille d'un comte, un des chefs des montagnards écossais, dont la tête est proscrite.

Mais il n'en fallut pas davantage pour que les Jacobins criassent au scandale. Suivant eux, cette comédie tendait à *faire regretter les privilèges de la noblesse*. Il eut été plus juste de dire qu'ils n'avaient pas oublié l'*Ami des Lois*. Le 29 août, à cinq heures et demie, l'ordre arrive de ne pas donner la neuvième représentation de cet ouvrage, affiché pour le soir. François de Neufchâteau supprime quelques vers, change le dénouement, et fait annoncer la pièce pour le 2 septembre, avec des *changements*. Mais au moment où l'un des personnages dit :

> Chacun prie à son gré; les amis, les parents
> Suivent, sans disputer, des cultes différents,

un spectateur se lève et crie : « La pièce est contre-révolutionnaire ! » Le perturbateur est expulsé de la salle ; il s'en va aux Jacobins et dénonce ce « repaire d'aristocrates ».

La Comédie-Française sembla faire fi de ces menaces, mais le lendemain 3 septembre, Barrère demande à la Convention que le théâtre dit de la Nation soit fermé, et que les acteurs et actrices de ce théâtre soient mis en état d'arrestation à cause de leur incivisme, et parce qu'ils sont soupçonnés d'entretenir des correspondances avec les émigrés, ainsi que François de Neufchâteau, auteur de la pièce intitulée *Paméla*.

XIX

EMPRISONNEMENT DES COMÉDIENS

Dans la nuit du 3 au 4 septembre 1793, on envoya aux Madelonnettes Dazincourt, Fleury, Bellemont, Vanhove, Florence, Saint-Fal, Saint-Prix, Naudet, Dunant, Champville, Dupont, La Rochelle, Narsy, Gérard, Alexandre Duval; et à Sainte-Pélagie, Mmes La Chassaigne, Raucourt, Suin, Contat, Thénard, Joly, Devienne, Petit, Fleury, Mézeray, Montgautier, Ribou et Lange. François de Neufchâteau, arrêté avec eux, sortit de prison peu de jours après. Pendant ce temps l'affreux Collot-d'Herbois se promenait disant bien haut : « La tête de la Comédie-Française sera guillotinée et le reste déporté. »

Molé fut seul excepté ou oublié dans la proscription; Desessarts, qui était allé prendre les eaux à Barèges, fut frappé d'un tel coup en apprenant l'arrestation de ses camarades qu'il en mourut.

Le théâtre de la République restait donc seul

maître de la situation. Nous avons dit en commençant que l'on avait voulu rendre Talma et ses camarades responsables de cette arrestation en masse des comédiens de la troupe rivale. C'est bien méconnaître le caractère d'un tel homme, qui fut toujours bon, généreux et serviable. Mais des mots ne suffisent pas, il faut des faits pour repousser une accusation ! Étienne et Martainville d'abord, dans leur *Histoire du Théâtre-Français pendant la Révolution*, histoire à laquelle nous avons emprunté tant de détails sur les événements qui précèdent, repoussent bien loin d'eux cette idée.

« En effet, disent-ils, comment croire que des
» artistes, recommandables par leurs talents, eus-
» sent pu abjurer tout sentiment d'honneur et
» d'humanité, jusqu'à se rendre les limiers des
» bourreaux, et eussent voulu dresser eux-mêmes
» les échafauds de leurs anciens camarades, pour
» les punir de vieilles querelles où l'amour-propre
» et l'opinion créèrent des torts qui furent au
» moins partagés ?

» Dira-t-on que leur but pouvait être de
» détruire un rival dangereux et de se rendre
» l'unique Théâtre-Français ? Mais ils avaient été
» les premiers à sentir la nécessité de la concur-
» rence, et un léger intérêt pouvait-il d'ailleurs
» leur faire commettre un crime aussi affreux ?
» Nous ne pousserons pas plus loin ces réflexions ;
» il est trop pénible de penser que des artistes

» puissent avoir besoin d'une pareille justification,
» et nous nous plaisons à croire que ceux du
» théâtre de la République furent tout à fait
» étrangers à l'arrestation de leurs camarades, et
» que, s'ils ne firent en leur faveur aucune démarche
» ostensible, la crainte de se perdre eux-mêmes
» les empêcha seule de faire éclater leur douleur
» et leur zèle. »

Mais la justification pleine et entière de Talma, il faut la chercher dans les lettres suivantes de Mlle Contat, de Larive, et de Trouvé. Les calomnies dont nous avons fait mention étaient revenues sur l'eau deux ans après. Voici la lettre que Mlle Contat fit insérer dans les journaux, le 3 germinal an III (23 mars 1795) :

« Ce fut à l'époque même de notre persécution
» que je reçus de Talma, que je ne voyais plus
» depuis longtemps, des marques d'un véritable
» intérêt. Je les jugeai si peu équivoques, qu'elles
» firent disparaître les légers nuages de nos an-
» ciennes divisions et nous rapprochèrent. Je
» m'empresse de rendre cet hommage à la vérité.
» Puisse-t-il détruire une inculpation que je ne
» savais pas même exister ! Je ne concevrai jamais
» qu'un artiste spécule froidement sur la ruine
» des autres, et Talma n'était pas alors plus dis-
» posé à profiter de nos dépouilles que nous ne
» le serions aujourd'hui à bénéficier des siennes ;
» je dis nous sans avoir consulté mes camarades,

» mais je le dis avec la certitude de n'en être pas
» désavouée.

» L. Contat. »

Voici la lettre de Larive :

« L'article inséré dans le *Républicain français*,
» du 4 de ce mois, me fournit une occasion de
» rendre hommage à la vérité, et justice à un de
» mes anciens camarades. Loin d'avoir contribué
» à l'arrestation des comédiens français, Talma a
» été volontairement au-devant du coup qu'on
» voulait me porter; c'est à ses soins et à son
» activité que je dois l'avis salutaire qui m'a sous-
» trait aux poursuites des quatres aides de camp
» d'Henriot, lorsqu'ils vinrent à la campagne me
» mettre hors la loi et donner l'ordre de tirer
» sur moi.

» J'ose espérer que le public, juste et impartial,
» ne retirera jamais son estime à ceux qui sont
» dignes de sentir qu'il n'est point de bonheur
» pour l'homme de bien, sans l'amour de ses
» semblables.

» Mauduit Larive. »

M. Trouvé, attaché à la partie littéraire du *Moniteur*, fit suivre la lettre qu'on vient de lire de cette déclaration :

« J'ai connu Talma il y a quinze mois, à

» l'époque où commencèrent les désastres inté-
» rieurs de la République, et je dois à l'amitié,
» à l'amour des arts et à la vérité, de déclarer
» qu'il ne peut avoir de persécuteurs et d'ennemis
» que parmi les royalistes et les partisans du
» 31 mai (1). »

Après de pareils témoignages il est inutile d'insister plus longtemps sur ce sujet.

Fleury nous a laissé dans ses *Mémoires* des détails sur sa captivité et celle de ses camarades. Dazincourt nous en dit aussi quelques mots. L'arrivée de la Comédie-Française produisit une émotion parmi les *pensionnaires* des Madelonnettes. Les prisonniers, rangés sur un double rang, chapeau bas, reçurent les comédiens par un long vivat. Il y avait parmi eux un de Boulainvilliers, un général Lanoue, un de Crosne, un de La Tour-du-Pin, etc., etc. Les représentants de la vieille société française firent bon accueil aux princes de la tragédie et de la comédie, et s'offrirent à l'inexpérience des nouveaux venus. La prison des Madelonnettes était la plus insalubre de Paris; elle était la plus remplie, et l'air y manquait. Il était défendu aux prisonniers d'aller se promener dans le préau, et pourtant la petite vérole faisait de sérieux ravages. Il fallait jeter du vinaigre sur des pelles rougies pour purifier l'air, au moins un bon quart d'heure

(1) *Moniteur* du 27 mars 1795.

chaque jour, et le médecin de la Comédie, le zélé Dupontet, à qui l'on permit l'entrée de la prison, en fut réduit à prescrire un exercice violent avant le dîner et le souper de chaque jour. Le général Lanoue et Saint-Prix, qui avaient les plus belles voix, faisaient les commandements, et les malheureux prisonniers se livraient à des marches et des contre-marches à travers les corridors noircis, avec une bougie allumée à la main. « Nous res-
» semblions à des grotesques à la manière de
» Callot, » dit Fleury. Bientôt il ne fut plus permis de correspondre.

Cinq mois après, on transféra les hommes à Picpus, et les femmes aux Anglaises, rue des Fossés-St-Victor. La translation eut lieu dans des fiacres et sans menottes. On autorisa les prisonniers à recevoir quelques visites du dehors. Le régime sembla s'adoucir. En attendant, le danger était toujours pressant. L'ennemi le plus acharné des comédiens était Collot-d'Herbois, ancien comédien lui-même. Voici ce qu'il écrivait à Fouquier-Tinville :

« Le comité t'envoie, citoyen, les pièces con-
» cernant les ci-devant comédiens français : tu
» sais, ainsi que tous les patriotes, combien ces
» gens-là sont contre-révolutionnaires; tu les
» mettras en jugement le 13 messidor. A l'égard
» des autres, il y en a quelques-uns parmi eux
» qui ne méritent que la déportation ; au surplus,

» nous verrons ce qu'il en faudra faire après que
» ceux-ci auront été jugés. »

Et les noms de Dazincourt, Fleury, Louise Contat, Émilie Contat, Raucourt et Lange étaient suivis d'un grand G, en encre rouge, qui voulait simplement dire : guillotiné. Les autres noms étaient suivis d'un D (déporté), ou d'un R (relâché). Les amis des comédiens ne perdaient cependant pas de temps; mais les bourreaux, tout en n'osant pas faire passer tout en bloc la Comédie-Française en jugement, restaient insensibles aux prières. Au bout de neuf mois, Mlle Devienne sortit la première de prison. Cette mise en liberté fut comme une lueur d'espérance pour ses camarades.

Le véritable sauveur de la Comédie-Française fut Charles de Labussière. Le dévouement dont il fit preuve vaut bien la peine que nous lui consacrions quelques lignes. Charles de Labussière était un ancien acteur. Il avait joué les niais au théâtre Mareux. Eh bien ! ce jocrisse sauva tout simplement onze cents têtes, et voici comment. Après avoir fait tous les métiers et perdu sa fortune, de Labussière était venu échouer comme employé au bureau de la *Correspondance*. C'était là qu'arrivaient toutes les dénonciations. Le dégoût s'empara bientôt de lui, mais s'en aller, c'était risquer sa tête. Il resta. On le fit passer au bureau des *Pièces accusatives*, et c'est à cette circonstance heureuse que bien des gens dûrent la vie. Sur le moindre prétexte, il retardait la remise des pièces au comité révolutionnaire, et par ce moyen donnait aux détenus le temps de faire agir en leur faveur.

Mais Fouquier-Tinville s'impatiente ; il écrit le 5 thermidor aux citoyens membres représentants du peuple, chargés de la police générale :

« Citoyens représentants,
» La dénonciation qui a été faite ces jours der-
» niers à la tribune de la Convention n'est que
» trop vraie ; votre bureau des détenus n'est com-
» posé que de royalistes et de contre-révolution-
» naires, qui entravent la marche des affaires.
» Depuis environ dix mois, il y a un désordre
» total dans les pièces du comité ; sur trente indi-
» vidus qui me sont désignés pour être jugés, il
» en manque presque toujours la moitié ou les
» deux tiers, et quelquefois davantage : *dernière-*
» *ment encore, tout Paris s'attendait à la mise en juge-*
» *ment des comédiens français,* et je n'ai encore rien
» reçu de relatif à cette affaire ; les représentants
» Couthon et Collot m'en avaient cependant parlé :
» *j'attends des ordres à cet égard.* Il m'est impos-
» sible de mettre en jugement aucun détenu sans
» les pièces qui m'en indiquent au moins le nom
» et la prison, etc.
» Salut et Fraternité.
» Signé : Fouquier-Tinville. »

On a vu plus haut, par le billet de Collot-d'Herbois, que les comédiens devaient passer en jugement le 13 messidor. Or, de Labussière escamota les pièces du carton le 9, les cacha dans son tiroir le 10, et les détruisit le matin du 11 par le procédé suivant : il alla au bain, fit tremper toutes les pièces jusqu'à ce qu'elles fussent presque réduites en mastic, et les lança en petites boulettes par la fenêtre de la chambre de bains qui donnait sur la Seine. Les comédiens étaient sauvés et la réclamation de Fouquier-Tinville arriva trop tard. Le comité du salut public ordonna bien de rédiger de nouvelles pièces, mais le 9 thermidor arriva avant qu'elles fussent achevées. Robespierre tombé, les comédiens furent élargis. Cet acte de courage ne fut pas oublié. Quand le pauvre Labussière aura besoin de secours dix ans plus tard, ce sera les comédiens reconnaissants qui lui viendront en aide. Le 15 germinal an XI (4 avril 1803), ils organiseront, sur le théâtre de la Porte-Saint-Martin, une représentation au bénéfice de Labussière. On y donnera la première représentation de la reprise d'*Hamlet* de Ducis, et les fermiers de la taxe des indigents sur les spectacles adresseront la lettre suivante au même Labussière.

Du 21 vendémiaire an XI.

« Nous sommes instruits, citoyen, que les sociétaires du Théâtre-Français se proposent de donner

» une représentation à votre bénéfice. Nous
» voyons avec plaisir qu'ils acquittent la dette de la
» reconnaissance, que la plupart d'entre eux vous
» doivent, pour les avoir compris dans le grand
» nombre de personnes que vous avez soustraites
» à la hache révolutionnaire.

» Pénétrés d'admiration pour l'ami de l'humanité
» qui s'est tant de fois dévoué pour la servir,
» nous vous prions d'accepter la remise du
» dixième que nous avons le droit de percevoir
» sur le produit de cette représentation.

» Que votre délicatesse n'en souffre pas, citoyen ;
» cet argent ne sera pas tiré de la caisse des in-
» digents, puisque nous sommes adjudicataires par
» bail de l'impôt établi à leur profit; et le sacri-
» fice que nous faisions en votre faveur sera plus
» que compensé par la satisfaction de nous asso-
» cier à cet acte de reconnaissance que vous doi-
» vent tous les amis des arts et tous les hommes
» sensibles.

» Agréez, citoyen, etc.

» Signé : G.-S. COTTRAU et THIERRY, fermiers
de la taxe des indigents sur les spectacles (1). »

(1) *Journal des Débats*, 9 germinal an XI.

XX

GÉNÉROSITÉ DE TALMA

Nous nous sommes un peu étendu à plaisir sur l'emprisonnement des comédiens, pour faire voir par quelles angoisses ils dûrent passer pendant ces dix longs mois de captivité. Nous ne quitterons pas ce sujet sans raconter une anecdote empruntée aux *Mémoires* de Fleury. On verra par ce récit combien Talma, loin d'avoir été l'ennemi ou le dénonciateur de ses camarades rivaux, chercha au contraire par tous les moyens possibles à les tirer de ce mauvais pas. Cette anecdote sera le complément naturel des lettres de Mlle Contat et de Larive.

Fleury avait copié de sa main la preuve de la parenté de Charlotte Corday avec le grand Corneille. Sur le point d'être arrêté, il avait brûlé chez lui deux de ces copies, mais une troisième était tombée entre les mains de Fabre, qui, il faut lui rendre cette justice, n'en abusa jamais. Après la mort malheureuse de Fabre, cette pièce tomba en la possession d'un coquin qui n'avait d'autre but que d'en proposer le rachat à Fleury. Or, Fleury était en ce moment en prison.

Un jour cet homme rencontra Talma, bien reconnaissable à son costume romain francisé. Il aborde le tragédien et lui demande s'il connaissait l'adresse de la sœur de Fleury. Talma flaire un piège, et s'étonne qu'un patriote recherchât l'adresse d'une dame dont le frère est arrêté comme suspect. L'homme s'excuse en se donnant comme marchand, et répond assez adroitement que Fleury lui doit une somme pour certaines fournitures.

— Combien te devait-il?
— Oh! un rien, deux cents écus.
— Six cents livres?
— Écus! Écus! Pas assignats.
— Belle raison pour tourmenter un détenu!

Talma étudiait son homme pendant cette conversation. Il dit au prétendu fournisseur :

— Écoutez, vous me paraissez un brave homme; on a des opinions différentes, mais on a été camarade. Venez demain chez moi, j'acquitterai votre dette.

Le patriote ne manqua pas le rendez-vous.

Les six cents livres étaient préparées sur une table ; Talma réclama la facture et l'acquit.

— Eh! bien, finissons-en, dit-il.

— C'est que, je vais vous dire; il y a une petite chose.

— Oh! oh! voyons la petite chose.

— Vous êtes un bon vivant, citoyen Talma. Le détenu Fleury ne me doit pas de fournitures.

— Alors, j'ai beau être un bon vivant, mon camarade, je n'ai rien à payer.

— Mais j'avais quelque chose à vendre au détenu Fleury.

— Un détenu n'achète que sa liberté.

— C'est que c'est quelque chose qui y ressemble, citoyen Talma.

— Je ne te comprends pas.

— Voyez si ça vaut six cents livres.

Et le faux patriote présentait en même temps le papier compromettant écrit de la main de Fleury.

— Prends, prends l'argent, cria Talma. Et souviens-toi d'être discret. Si j'ai payé, tu as vendu.

Cette pièce à elle seule pouvait perdre Fleury. On mettait alors Marat au Panthéon; on le faisait trôner dans tous les lieux publics. Les cent quatre-vingt-dix-huit griefs de Collot-d'Herbois n'étaient rien à côté de cette généalogie de Charlotte Corday, qui prouvait qu'elle était la petite nièce d'un grand homme. Talma comprit qu'il y allait du salut de son camarade rival, et ne marchanda pas.

Or ce marché, Fleury n'en avait pas connaissance, c'est lui qui nous le dit, et c'est l'abbé Aubert qui força le bienfaiteur à se dévoiler. Une fois sorti de prison, Fleury n'épargnait pas le théâtre de la République, comme bien on pense, et Talma pas plus que les autres. L'abbé Aubert se chargea de tout arranger. Il força Talma à l'accompagner chez Fleury dans une première visite après sa sortie de prison. Fleury était absent. Les visiteurs laissèrent leurs cartes. Tout ceci se dénoua dans la loge de Contat.

C'était le soir de la représentation de rentrée. Après s'être déshabillé, Fleury passa dans la loge de la triomphante Araminte. La porte était entr'ouverte, une tête apparaît. A cette vue, Mlle Contat se trouble, et semble éprouver un vif mécontentement. Le nouvel arrivant, vous l'avez deviné, c'était Talma. Il venait, disait-il, complimenter ses anciens chefs, et toujours ses maîtres, et les féliciter du triomphe remporté ce soir.

—Mon cher Talma, lui répondit Contat en s'efforçant de sourire, ce que vous dites-là est très aimable; mais croyez qu'il y aurait eu plus de monde pour nous voir guillotiner.

Talma allait se retirer avec la dignité d'un cœur blessé d'une injustice; Fleury lui barra le passage et ferma la porte.

— Il faut s'entendre, dit Fleury. Talma m'a recommandé certain secret, mais je dois le révéler; nous étions trois à le connaître, nous serons quatre. Y consentez-vous, mon ami?

Tout ému, Talma ne répondit pas. Fleury tira

son portefeuille. Contat essayait de comprendre.

— L'abbé Aubert vint me voir il y a quelques jours avec Talma ; je n'étais pas chez moi, mais j'ai là leurs cartes de visite.

— Des cartes de visite ! ceci devient bien mystérieux. Eh bien ?

— Voici celle de l'abbé Aubert, et voici celle de Talma.

— Mais c'est votre écriture, Fleury, dit Mlle Contat.

— N'importe, lisez.

Et Mlle Contat lut la généalogie de Charlotte Corday, écrite de la main de Fleury.

— Mais Fleury, dit Contat après cette lecture, on se prosterne aujourd'hui devant le buste de Marat... Voilà de quoi vous faire pendre !

Et Fleury, forçant Talma à s'asseoir, lui fit raconter sa généreuse action d'un bout à l'autre. Quand son camarade eut fini son récit, Fleury se retourna vers Mlle Contat, quelque peu confuse :

— Eh ! bien, ne ferez-vous pas réparation du mot de tout à l'heure ?

— Oh ! si j'étais un homme ! murmura-t-elle.

— Mais vous êtes une femme, dit Fleury, et il poussa doucement la belle tête de Mlle Contat vers les lèvres de Talma.

Les comédiens du théâtre de la Nation et ceux du théâtre de la République avaient jeté ce soir-là les bases d'une réconciliation plus générale.

Cette anecdote est charmante et, contée par Fleury, on ne peut guère la mettre en doute. Nous avons tenu à la raconter par le menu, parce qu'elle fait voir une fois de plus le caractère généreux de notre tragédien. Nous pouvons ajouter que cette générosité ne se démentit jamais.

« Les ennemis que lui avaient suscités ses pre-
» miers succès, nous dit Arnault, s'en prévalurent
» pour calomnier son caractère. A les entendre,
» Talma n'était qu'un Othello débarbouillé, qu'un
» Charles IX en frac. L'esprit de parti surtout
» accréditait ces préventions ; et le plus doux des
» hommes, pour avoir embrassé avec quelque
» chaleur celles des opinions généreuses qui pro-
» voquèrent la Révolution, ne fut longtemps qu'un
» terroriste pour les ennemis de la Révolution.

» C'était ainsi que d'abord je le jugeai moi-
» même, malgré la sympathie qui m'entraînait
» vers lui : je regrettais de ne pas pouvoir aimer
» un homme qu'il m'était impossible de ne pas
» admirer. A mesure que je le connus mieux, les
» rapprochements multipliés par la circonstance
» dont il s'agit (les études de *Cincinnatus*) me
» débarrassant de mes préventions, je reconnus
» que cet homme, si terrible en scène, était
» partout le meilleur enfant du monde.

» Il n'y avait pas d'humeur plus facile que la
» sienne. Obligeant, indulgent, et très éloigné de
» traiter les gens de l'opinion opposée à la sienne

» comme il en avait été traité longtemps, il
» apportait dans le commerce de la société une
» candeur, une simplicité, une naïveté que j'ai
» retrouvées rarement en d'autres personnes au
» même degré, si ce n'est en des enfants. Son
» beau talent prenait sa source dans une belle
» âme, âme toutefois plus généreuse qu'éner-
» gique, et plus sensible que forte.

» Quant au reste, se reposant dans le monde
» des fatigues du théâtre, il y semblait indifférent à
» tout ce qui se passait autour de lui ; mais c'était
» encore de son art qu'il s'occupait, dans l'espèce
» de somnolence où il paraissait plongé. C'est en
» rapport avec cet art qu'il y voyait tout, et qu'il
» observait surtout les terribles catastrophes qui
» se multipliaient sous ses yeux. Un acte héroïque,
» un sentiment sublime, quel que fût l'homme
» auquel il appartînt, absorbait toute son atten-
» tion. Comme Joseph Vernet, qui s'étudiait à
» peindre la tempête au milieu d'une tempête
» prête à l'engloutir, étudiant, pour les reproduire
» au théâtre, les scènes qui pendant la Terreur
» s'improvisaient devant lui, il oubliait qu'impli-
» qué dans ces tragédies trop réelles, il avait des
» motifs pour trembler de ce qu'il admirait.
» Républicain comme un artiste, mais non pas
» anarchiste, il avait désiré passer d'un ordre de
» choses défectueux à un meilleur ; et croyant l'avoir
» trouvé dans le système rêvé par les Girondins,

» il s'était hautement déclaré pour leur doctrine,
» détestant tout haut les excès contre lesquels
» s'élevait ce parti, qui était devenu celui de la
» modération, et surtout exécrant les fureurs de
» Marat. »

XXI

TALMA DEVANT LE TRIBUNAL RÉVOLUTIONNAIRE

La plupart des biographies succinctes de Talma que nous avons entre les mains portent à peu près toutes la même phrase : « Dénoncé devant le tri-
» bunal révolutionnaire pendant l'instruction de la
» procédure dirigée contre les 21 députés giron-
» dins, présenté comme leur complice pour avoir
» fait de sa maison le lieu de réunion des conspi-
» rateurs, Talma n'échappa que par une sorte de
» prodige à l'échafaud. »

Pour nous, cette version ne nous suffisait pas, et nous avons voulu nous assurer par nous-même de ce qu'il y avait de vrai dans cette dénonciation. Nous sommes allé relire le procès des Girondins, et voici ce que nous avons textuellement copié dans le *Moniteur* du 27 octobre 1793, n° 36 :

Tribunal révolutionnaire, première section, présidence de Herman, séance du 7 brumaire. *Mon-*

taut. — Je vais citer un autre fait. Tout le monde se rappelle les deux bataillons de Paris que Dumouriez avait déshonorés pour s'être fait justice de deux émigrés. Marat le dénonça à cette occasion et, désespérant d'obtenir justice de la Convention, dont la faction s'était rendue maîtresse, s'adressa aux Jacobins; il demanda que Bentabolle et moi lui fussions adjoints pour aller demander des explications à Dumouriez. *Nous trouvâmes Dumouriez dans une maison où l'on donnait une fête superbe ;* il était environné de Guadet, Vergniaud, Kersaint, Lasource et plusieurs autres dont je ne me rappelle pas les noms. Après lui avoir expliqué l'objet de notre mission, il se fit un mouvement général ; je me mis sur mes gardes ; et la suite prouvera que je n'ai pas eu tort, car il ne s'agissait pas moins que de nous assassiner. Guadet, qui était l'auteur de la proposition, l'a déclaré à Soulès, qui me l'a rapporté, et qui m'a dit qu'on en voulait encore plus aux jours de Marat qu'aux miens. Citoyens jurés, Gensonné et Vergniaud pourront vous donner des éclaircissements sur ce *projet d'assassinat, qui me parut être prémédité.*

L'accusé Gensonné. — Je ne me rapelle pas de ce fait.

L'accusé Vergniaud. — J'ai été invité à une fête qui se donnait chez Talma, et où Dumouriez s'est trouvé. Je sais que, lorsqu'on a annoncé Marat, il s'est fait un mouvement, mais causé par l'inquiétude des femmes.

L'accusé Lasource. — Je me trouvai chez Talma ; mais je n'ai pas entendu parler du projet d'assassiner Marat.

On se souvient que ce Montaut était un des deux citoyens qui accompagnaient Marat, lors de son irruption chez Talma. Or, au milieu de ce procès des Girondins, aller accuser Talma d'avoir donné une fête à des conspirateurs, qui, s'il fallait l'en croire, ne projetaient rien moins que d'assassiner Marat, c'était demander du même coup la tête de Talma. Toujours est-il que le président n'oublia pas cette déposition, et ce qui le prouve, c'est qu'il reviendra sur ce grief. Nous lisons en effet un peu plus loin :

Le président à l'accusé Sillery. — Vous avez assisté au souper qu'a donné Talma à Dumouriez ?

L'accusé Sillery. — A cette époque j'étais en Champagne, auprès de Kellermann.

Les Girondins périrent le 31 du même mois, et si Talma sauva sa tête de l'échafaud, on peut affirmer que c'est à son talent qu'il le dût.

Qu'était devenu le théâtre de la République pendant l'emprisonnement de dix mois des comédiens du théâtre de la Nation ? Les représentations n'y étaient pas brillantes, comme on peut le croire, et, pour plaire à la populace, l'art descendait au dernier échelon de la dégradation. C'est ainsi que fut donnée, le 10 octobre 1793, une pièce dont nous ne dirons que quelques mots, à titre de curiosité. *Le Jugement dernier des rois* s'intitulait *prophétie* en un acte. Tous les pays de l'Europe devenus libres ont envoyé un *sans-culotte* à une *Convention générale*. Tous les souverains sont déportés dans une île déserte; ils viennent en personne, et les sans-culottes accueillent avec les plus grossières injures chaque nouveau venu. Tout à coup un volcan éclate dans l'île, et voilà les souverains éperdus ne sachant que faire pour sauver leur vie : l'un tombe dans le cratère d'un volcan, l'autre dans un précipice, le pape se jette dans la mer, tous sont anéantis, à la grande joie de la tourbe féroce qui remplit la salle. Or il faut bien s'imaginer que le rôle du pape était tenu par Dugazon, celui de l'empereur de Russie par Michot; Baptiste cadet représentait le roi d'Espagne ! condition *sine qua non* de vie ou de mort en ce bienheureux temps (1).

Le coup terrible qui avait abattu les Girondins

---

(1) Le *Moniteur* du 30 octobre 1793, après avoir rendu compte de la pièce et en avoir constaté le grand succès, s'exprime en ces termes au sujet de l'auteur : « L'auteur est » Sylvain Maréchal, philosophe longtemps avant la Révo- » lution, avantageusement connu par beaucoup de produc- » tions littéraires, entre autres par l'*Almanach des honnêtes* » *gens*, qui lui valut, dans le temps des lettres de cachet, la » brûlure par arrêt de la cour. »

avait porté une profonde atteinte aux affections de Talma. Nous avons vu que peu s'en était fallu qu'il ne fût compris dans l'hécatombe. On comprend donc sans peine que, sans avoir peur, il ne tenait pas précisément beaucoup à attirer encore sur lui l'attention publique en ce moment. Le 3 février 1794, ou mieux le 15 pluviôse, nouveau style, Talma reparut cependant dans *Épicharis et Néron*, tragédie nouvelle en cinq actes de Legouvé. Le rôle de Néron convenait parfaitement au talent de Talma, et il y obtint un grand succès.

Cependant la troupe du théâtre de la République voyait chaque jour grossir ses rangs d'une ou deux recrues : c'était quelque comédien du théâtre de la Nation qui recouvrait sa liberté à la condition expresse de jouer au théâtre de la rue de la Loi, ci-devant Richelieu. C'est ainsi qu'on vit arriver tour à tour Mlle Joly, Dupont, Vanhove, Mme Petit-Vanhove et Larochelle. Mme Petit-Vanhove était la charmante comédienne qui devint plus tard la seconde femme de Talma.

Mais si le théâtre de la Nation avait fermé ses portes, une nouvelle concurrence avait surgi. Nous voulons parler du théâtre de Mlle Montansier, construit rue de la Loi, à deux pas du théâtre de la République, sur l'emplacement actuel occupé par le square Louvois. Molé, qui avait échappé aux griffes révolutionnaires, et Mlle Devienne, récemment sortie de prison, en furent les deux premiers sujets. Prospérité de peu de durée, puisque Mlle Montansier et Neuville, son associé, furent arrêtés à leur tour comme suspects, et l'on s'empara de leur salle pour y établir l'Opéra, précédemment fixé à la Porte-Saint-Martin.

Figure bien originale que celle de cette demoiselle Montansier, esprit de ressources, femme d'affaires, remueuse de capitaux, ancienne directrice du théâtre de Versailles, ne craignant pas de faire relâche, s'il le faut, pour aller avec sa troupe remuer civiquement la terre du Champ-de-Mars, ou armant quatre-vingts volontaires pour envoyer à l'armée de Dumouriez. Et pourtant quel était donc son crime, à cette femme que l'on dépossédait du jour au lendemain de son théâtre? Son crime, mais il était bien simple. Mlle Montansier, comme Sageret, le directeur de Feydeau, dont nous aurons du reste à nous occuper plus loin, Mlle Montansier avait songé à réunir plusieurs genres dans la même salle. C'est à cet effet qu'elle avait fait bâtir par le célèbre architecte Louis la belle salle Louvois, située rue de la Loi. Elle avait compté sans le despotisme de Robespierre qui, voyant là une salle toute neuve et toute dorée, résolut immédiatement d'y installer l'Opéra. Mais comment en chasser Montansier? Robespierre ne s'embarrasse pas pour si peu. Chaumette déclare à la Commune que la citoyenne Montansier a fait bâtir cette salle pour mettre le feu à la bibliothèque nationale qui est située de l'autre côté de la rue. Hébert dit qu'il a reçu une loge à ce spectacle afin sans doute de se taire, et Mlle Montansier est arrêtée. Il lui faudra ensuite batailler sous tous les régimes, Directoire, Consulat et Empire, pour toucher enfin une indemnité près de vingt ans plus tard.

MM. Étienne et Martainville nous donnent la curieuse description d'une représentation théâtrale à cette terrible époque. Ainsi quelques-uns des acteurs étaient fonctionnaires publics et s'occupaient beaucoup plus de leur service de citoyens que de leur service dramatique. Les spectateurs emplissaient la salle, et souvent l'on ne commençait pas. Alors le public s'impatientait jusqu'à ce que le régisseur vînt dire :

Notre camarade un tel est de service auprès du général Henriot, ou bien encore : notre camarade un tel est au Comité de sûreté générale pour l'intérêt de la République. Et le parterre attendait. Un jour un des comédiens fonctionnaires arriva même si tard qu'il ne prit pas le temps de se costumer et joua son rôle en uniforme.

Eh ! mon Dieu ! n'avons-nous pas assisté presque de nos jours à un pareil spectacle ? Qui donc pendant le siège de Paris osait sortir dans la rue autrement qu'en uniforme ? Je me rappelle avoir vu, de mes yeux vu, M. Francisque Sarcey en garde national faire une conférence au Cirque-d'Hiver;

j'ai vu M. Coquelin aîné en garde national venir réciter une poésie de Manuel, dans une de ces matinées que la Comédie-Française avait organisées chaque dimanche, au bruit du canon prus-ien, qui bombardait alors la rive gauche de la Seine du haut du plateau de Châtillon. Et M. Maubant, et les autres.

Revenons à notre sujet.

XXII

ORDONNANCES ET DÉCRETS CONCERNANT LES THÉATRES

Les autorités défendirent bientôt de prononcer, dans une pièce ancienne ou moderne, les noms de duc, marquis, comte, etc. Il fallait dire : citoyen. Ce changement violait la rime ou rompait la mesure du vers ; mais cela était la moindre de leurs préoccupations. Les Romains portaient des cocardes tricolores ; Gohier se chargea de *mettre Voltaire au pas*, et refit le dénouement de *la Mort de César*. En effet, comment des oreilles de sans-culotte auraient-elles pu supporter le discours *contre-révolutionnaire* de ce *modéré* d'Antoine ! Molé jouant en scène aux échecs était forcé de dire : *Échec au tyran*.

M. Georges d'Heylli, dans son intéressante étude sur *la Comédie-Française pendant le Siège et la Commune* (Journal *le Correspondant*, 10 février 1885), nous cite des faits que nos ancêtres sans-culottes n'auraient certes pas désavoués. Ainsi Verteuil, le secrétaire de la Comédie, entendit fort bien en 1871 un colonel de la Commune, qui venait d'assister avec une dame à une représentation des *Femmes savantes*, dire à cette dame, au sortir du spectacle, ces paroles qui caractérisent littérairement toute la Commune : « Eh ! bien, voilà donc » ce que c'était que cette littérature corrompue » de l'Empire ! pas même amusante... »

Reproduisons ce décret de la Convention Nationale, décret absolument authentique, dont nous avons même un exemplaire en notre possession : n° 1318.

Décret de la Convention Nationale du 2 août 1793, l'an second de la République Française,

Relatif à la représentation des pièces de théâtres.

La Convention décrète :

ARTICLE PREMIER

A compter du 4 de ce mois, et jusqu'au 1er septembre prochain, seront représentées trois fois la semaine, sur les théâtres de Paris qui seront désignés par la municipalité, les tragédies de *Brutus*, *Guillaume Tell*, *Caïus Gracchus*, et autres pièces dramatiques qui retracent les glorieux événements de la Révolution, et les vertus des défenseurs de la liberté. Une de ces représentations sera donnée chaque semaine aux frais de la République.

II

Tout théâtre sur lequel seraient représentées des pièces tendant à dépraver l'esprit public, et à réveiller la honteuse superstition de la royauté, sera fermé, et les directeurs arrêtés et punis selon la rigueur des lois.

La municipalité de Paris est chargée de l'exécution du présent décret.

Visé par l'inspecteur.

Signé : J.-C. BATTELLIER.

Collationné à l'original, par nous président et secrétaires de la Convention Nationale. A Paris, le 3 août 1793, l'an second de la République. *Signé :* F. Chabot, *secrétaire,* occupant le fauteuil en l'absence du président ; Lecarpentier et P.-J. Audouin, *secrétaires.*

Les pièces mêmes de Chénier n'étaient plus assez révolutionnaires. Peu s'en fallut qu'il ne fût compromis à la suite de sa tragédie nouvelle, *Timoléon,* qu'il faisait répéter au théâtre de la République. Il y avait dans la pièce un usurpateur qui opprime les citoyens. A la répétition générale, les amis de Robespierre s'alarmèrent. La représentation n'eut pas lieu, et Chénier, dit-on, brûla son manuscrit en présence de Barrère. Fabre-d'Églantine, l'auteur du *Philinte* de Molière, venait de porter sa tête sur l'échafaud, pour s'être mêlé de politique.

La seconde madame Talma, dont nous avons cité plusieurs fois le témoignage, nous affirme qu'au temps de la Terreur, Robespierre avait inscrit Talma sur ses tables de proscription, et ne voulait rien moins que le perdre. Mme Talma raconte ainsi les motifs de cette haine : « Une
» jeune actrice, qui venait d'être reçue au théâtre
» de la République (c'était elle, Mme Petit-Van-
» hove, sortant alors de Sainte-Pélagie, où elle
» avait été enfermée avec les autres comédiens
» du théâtre de la Nation), avait inspiré au grand
» tragédien une véritable passion; la jeune per-
» sonne n'y était point insensible : comment résis-
» ter au prestige d'un si beau talent, et surtout à
» la peinture d'un sentiment que Talma savait ex-
» primer d'une manière si pénétrante !

» Robespierre venait presque tous les jours au
» théâtre; la jeune actrice ne fut pas longtemps
» à s'apercevoir qu'elle était l'objet de cette assi-
» duité. Elle frémit, et, craignant les manifestations
» d'un amour si fatal, elle chercha les moyens de
» retarder au moins une déclaration qu'elle crai-
» gnait de ne pouvoir longtemps éviter. Elle se
» dit malade, et s'abstint de la scène. Mais quelle
» fut sa terreur, lorsque Talma vint lui raconter
» ce qui s'était passé relativement à lui ! Il avait un
» tailleur en grande renommée; c'était le seul

» qui exécutât parfaitement, d'après la direction
» du tragédien, de petites redingotes courtes à la
» polonaise, ornées de brandebourgs. Ce vêtement
» de bon goût, le gilet en shal, le pantalon juste,
» le col découvert, le chapeau relevé avec une
» plume : telle était à cette époque le costume
» de Talma, porté aussi par quelques jeunes
» gens.

» Robespierre fit mander le tailleur en question,
» et lui dit en peu de paroles de lui faire un habit.
» Celui-ci, croyant ajouter à sa réputation de tail-
» leur à la mode, tout en prenant mesure à Robes-
» bierre, lui dit : « Si le citoyen voulait une
» petite redingote à la Talma ! » A ce nom, une
» crispation de nerfs saisit Robespierre, et se ma-
» nifesta de telle sorte, que le tailleur, tremblant,
» crut voir un tigre prêt à le saisir : Talma !
» Talma ! répétait Robespierre.

« Je ne dis pas cela, citoyen ! » criait en recu-
» lant le pauvre tailleur ; et, sans finir de prendre
» mesure, il saisit la porte, et courut à toutes
» jambes jusqu'à la rue de la Victoire (alors rue
» Chantereine) pour informer Talma de la scène
» qui venait d'avoir lieu. »

On connaît les suites du 9 thermidor. Robespierre tombé, les comédiens de la Nation recou-
vrèrent leur liberté et rentrèrent dans leur salle.
Nous avons déjà parlé de cette réouverture ; et
Timoléon, dont Chénier avait conservé un double

manuscrit, fut représenté le 24 fructidor de l'an II (10 septembre 1794). Le décor a changé.

Après l'apologie de Robespierre, on crie à présent dans les rues : « L'agonie des Jacobins, les » crimes des Jacobins, le coup de grâce des Jacobins! » On fustige sur le théâtre tous ceux qui ont opprimé la France. On reprend *Tarare*, on applaudit *Charlotte Corday*, on force les acteurs à chanter le *Réveil du peuple*, satire des hommes de sang. Le théâtre de la République devient alors le lieu de scènes absolument opposées à celles que nous avons racontées. L'acteur Fusil, qui avait été membre de la Commission révolutionnaire, est accueilli par une bordée d'injures. Le parterre exige qu'il chante le *Réveil du peuple*. Fusil s'exécute en tremblant. Le public réclame alors Dugazon et Gaillard; ce dernier était directeur du théâtre. Talma s'avance et déclare qu'ils sont absents. On veut alors qu'il lise lui-même le *Réveil du peuple*, déplacé dans la bouche de Fusil. Talma fait la lecture demandée, tandis que Fusil tient le flambeau.

Quelques jours après, c'est Dugazon, bien connu pour ses idées avancées, qui est reçu par les huées de la salle entière. Le public lui demande de chanter le fameux *Réveil*. Dugazon, pour toute réponse, jette sa perruque et semble défier la salle. Mais poursuivi jusque sur le théâtre, il s'enfuit par les coulisses et se dérobe aux mauvais traitements qu'on lui réservait. Le buste de Marat placé au foyer du théâtre est mis en pièces et les débris jetés à l'égout. Enfin, singulier retour des choses d'ici-bas, Talma lui-même, qui avait failli sombrer avec les Girondins, passe à présent aux yeux du public pour avoir été l'ami de Robespierre, et est forcé d'arriver à se justifier.

On donnait *Epicharis et Néron*. Les ennemis de Talma se rendent en foule au théâtre, et font éclater des murmures à son entrée en scène. Talma, sans s'émouvoir, s'adressa au public en ces termes :

« Citoyens, j'avoue que j'ai aimé et que j'aime
» encore la liberté, mais j'ai toujours détesté le
» crime et les assassins; le règne de la Terreur
» m'a coûté bien des larmes, la plupart de mes
» amis sont morts sur l'échafaud. Je demande
» pardon au public de cette courte interruption :
» je vais m'efforcer de la lui faire oublier par mon
» zèle et par mes efforts. »

Les câbaleurs furent désarmés. C'était vers le même temps du reste que, pour répondre aux calomnies des journaux qui accusaient Talma d'avoir fait arrêter ses camarades du théâtre de la Nation, Mlle Contat et Larive faisaient publier les lettres que nous avons citées plus haut.

Arnault nous le dit bien du reste : « Les juges
» de Louis XVI, les juges du roi de France, hési-
» tèrent au moment de frapper un roi de théâtre. »

10.

Nous avons souvent parlé de cet Arnault, qui connut beaucoup Talma, mais nous ne pouvions guère nous servir de ses citations jusqu'ici, parce que le jeune auteur de *Marius à Minturnes* ne vécut dans l'intimité de Talma qu'à partir de 1794.

XXIII

LE POÈTE ARNAULT

Voici comment Arnault raconte sa liaison avec Talma dans son livre si intéressant *les Souvenirs d'un sexagénaire,* livre malheureusement presque introuvable aujourd'hui en librairie (1).

« Les études de *Cincinnatus* m'avaient mis en
» relations fréquentes avec Talma ; elles ne se
» bornèrent pas longtemps à des intérêts de
» théâtre. Il était difficile de se trouver en con-
» tact avec Talma sans prendre un vif attachement
» pour un homme doué de qualités si rares. L'in-
» génuité de son esprit, la bonté de son caractère
» exercèrent bientôt sur moi un empire que le
» temps n'a fait que fortifier, et qui lui a toujours
» acquis pour amis les admirateurs qu'attirait à
» lui son talent.

(1) *Souvenirs d'un sexagénaire,* par Arnault. Paris, 1833, 4 volumes.

» Ce talent est connu de tout le monde. Pro-
» duit de l'organisation la plus heureuse, de l'in-
» telligence la plus prompte, de la sensibilité la
» plus vive, il parut supérieur dès le moment
» même où Talma débuta. »

Arnault nous fait pénétrer à sa suite dans cet intérieur de la rue Chantereine, dans ce salon de Julie que nous avons déjà décrit dans un précédent chapitre. Hélas! que de vides autour de la maîtresse de la maison! Où sont les Vergniaud, les Guadet, les Gensonné et leurs amis? Le bourreau a passé et a fait une terrible rafle parmi les habitués du petit hôtel de Talma.

Lorsqu'Arnault fut amené par Talma rue Chantereine, le ménage vivait encore en bonne intelligence, c'est lui qui nous le dit. Les amours du maître de la maison avec Mme Petit-Vanhove n'avaient pas pris ce développement qui le conduisit plus tard au divorce, puis au mariage.

« Les choses n'en étaient pas là, écrit Arnault.
» Talma et sa femme vivaient même dans l'accord
» le plus parfait, quand je fus amené et retenu
» dans leur société par un attrait composé de ce
» que le cœur et l'esprit d'autrui pouvaient m'offrir
» de plus sympathique avec mes goûts et mes
» affections.

» Quelles soirées charmantes je passai dans
» cette douce société! Les jours où Talma avait
» joué, il était rare que je ne me laissasse pas en-

» traîner chez eux avec deux ou trois de leurs
» amis. Une fois là, il n'y avait plus moyen de s'en
» éloigner. On se mettait à table et la conversa-
» tion s'établissait pour finir quand il plairait à
» Dieu. Talma cessait bientôt d'y prendre part,
» mais non pas d'y assister : harassé par plus
» d'une fatigue, à peine le souper matériel était-il
» terminé, sans sortir de table, il entrait dans un
» sommeil bien réel, que ne troublaient pas même
» les discussions les plus animées.

» C'est dans ces discussions que j'ai eu lieu de
» reconnaître tout ce qu'il y avait de finesse et de
» force, d'élévation et de générosité dans l'âme de
» sa femme. Elle discutait avec une égale lucidité
» les questions les plus ardues de la politique et
» de la philosophie, mais dans les formes conve-
» nables à son sexe, mais en se tenant également
» éloignée du pédantisme et de la frivolité, mais
» sans se faire homme, mais en unissant la puis-
» sance de la grâce à celle de l'esprit et de la rai-
» son, et tenant la balance entre l'homme d'État,
» l'homme du monde et le philosophe, comme
» autrefois Aspasie entre Alcibiade, Périclès et
» Socrate.

» C'est chez elle et d'elle que j'ai appris à con-
» naître, à estimer et à plaindre ces Girondins que
» leur modération a conduits à la mort, à qui l'on
» ne pourrait guère reprocher que des illusions, si
» la peur ne leur avait pas arraché le vote qui a

» perdu Louis XVI sans les sauver ; si enfin, dans
» ce grand procès, ils avaient été aussi généreux
» que ce Kersaint, qui partagea leur sort sans
» avoir partagé leurs opinions dans cette dernière
» circonstance.

» La conversation nous menait quelquefois si
» avant dans la nuit que, vu la distance où je me
» trouvais de mon domicile (je demeurais rue
» Sainte-Avoie, et Talma rue Chantereine), il me
» fallait rester à coucher chez Talma. L'illusion,
» qui pendant le souper m'avait transporté en
» Grèce, m'y retenait encore après le souper, la
» chambre qu'on me réservait était décorée à la
» grecque, et le seul lit grec qui fût alors dans
» Paris était celui où je m'endormais dans la
» pourpre, au milieu des trophées.

» Souques, Riouffe, Lenoir, Allard, tels étaient
» les habitués de la maison : ce ne sont pas des
» hommes du commun ; tous ont fait preuve d'une
» rare capacité dans des facultés différentes. »

Le lit grec dont parle Arnault était, paraît-il, légendaire, car Alexandre Duval, acteur et auteur, nous en parle dans sa notice sur *Beniowski*. S'il ne s'agissait que d'un lit, nous ne nous arrêterions pas pour si peu, mais Alexandre Duval nous raconte une aventure qui lui arriva chez Talma à l'époque de la Terreur, et comme elle est peu connue, nous allons à notre tour en faire le récit au lecteur.

Depuis la fameuse fête donnée à Dumouriez et les dénonciations de Marat, Talma se tenait à l'écart. Mais quand il apprit que l'on demandait à chacun des accusés s'il faisait partie des conspirateurs réunis chez Talma, il ne se jugea plus en sûreté. Enfin Talma fut instruit par un de ses amis que son nom était porté sur une liste de proscription.

« L'amitié qui nous unissait dès ce temps-là, dit
» Duval, la conformité de nos opinions, l'enga-
» gèrent à me confier ses craintes. Je me gardai
» de lui dire ce que je pensais de la fatale con-
» fidence qu'on lui avait faite. Un soir qu'après
» avoir joué la tragédie, il me parut plus sombre
» qu'à l'ordinaire, je lui demandai le sujet de sa
» tristesse : il me dit qu'il ne pouvait se rendre
» compte de ses pressentiments, mais qu'il crai-
» gnait d'être arrêté au premier moment, et que
» ce n'était qu'en tremblant qu'il rentrait chez
» lui ; qu'il allait s'y trouver seul, qu'il avait en-
» voyé sa femme dans une campagne écartée...
» Le voyant dans ce trouble, qu'il ne pouvait
» vaincre, je lui proposai d'aller souper chez lui
» et même d'y passer la nuit. J'étais alors garçon
» et rien ne s'opposait à l'exécution de mes offres.
» Le long de la route, je tâchai de lui donner de
» l'espérance ; et en soupant, et après quelques
» verres de vin, nous finîmes par éloigner tout à
» fait nos trop justes inquiétudes.

» Mais quand je fus retiré dans ma chambre,
» ou plutôt dans sa bibliothèque, car c'était là que
» je couchais, sur un très beau lit grec, très élé-
» gant sans doute, mais très peu commode, je
» me mis à réfléchir sur la position dangereuse
» dans laquelle il se trouvait ; et de réflexion en
» réflexion, je finis par me dire : mais si par
» hasard on venait l'arrêter cette nuit ! mes opi-
» nions, moins connues que les siennes peut-être,
» mais qui, néanmoins, le sont assez, pourraient
» me mériter l'honneur de suivre mon héros
» jusque sur l'échafaud. Je ne pourrais pas dire
» que je ne suis pas de la *Compagnie de Monseigneur*.
» Cette idée m'attrista : ce n'est pas que je redou-
» tasse beaucoup d'accompagner mon ami à la
» mort (en ces temps-là on tenait peu à la vie),
» mais j'éprouvais un sentiment mélancolique
» dont je ne me rendais pas compte, qui ne suf-
» fisait que trop pour m'empêcher de me livrer au
» sommeil.

» Pour comble de contrariété, un maudit gros
» chien, gardien de sa maison, par ses aboiements
» furieux, me faisait craindre de voir entrer à
» chaque instant la force armée, précédée, suivant
» l'usage de ce temps, des membres d'un comité
» révolutionnaire. Ne pouvant espérer de trouver
» le sommeil, je saisis le premier livre qui me
» tomba sous la main, et le hasard me fit tomber
» sur les *Mémoires de Beniowski*. Je lus ; et, malgré

» mes frayeurs, je me trouvai la tête assez libre
» pour faire le plan d'un opéra que le public a
» accueilli avec bienveillance, sans savoir seule-
» ment que ce malheureux enfant était né au mi-
» lieu des craintes et des alarmes.

» Le lendemain, je contai à Talma mes terreurs
» de la nuit; il en rit avec moi, comme on riait
» dans ce temps-là. Heureusement que quel-
» ques jours après, le 9 thermidor arriva, et la
» France secoua le joug horrible qui pesait sur
» elle. »

Revenons aux choses du théâtre : les comédiens français du théâtre de la Nation avaient rouvert leur salle du faubourg Saint-Germain; mais, pendant leur emprisonnement, cette salle avait été occupée par une troupe d'opéra-comique; il fallut s'associer. On ne s'entendit pas au sujet des recettes, et les comédiens cédèrent le pas aux chanteurs. Il existait alors une vaste salle de théâtre appelée ci-devant théâtre de Monsieur, actuellement théâtre Feydeau. Cette salle était située sur l'emplacement actuel de la rue des Colonnes et de la rue de la Bourse, c'est-à-dire au centre du Paris des plaisirs, à deux pas du Palais-Royal, de la salle Favart, de la salle Louvois et du théâtre de la République. Le citoyen Sageret en était directeur à cette époque. Il conclut un arrangement avec les émigrés du faubourg Saint-Germain, et il fut convenu que les Comédiens joueraient tous les deux jours, à partir du 8 pluviôse an III (27 janvier 1795).

Saint-Prix, Molé, Dazincourt, Mlles Contat et Devienne faisaient les frais de cette première représentation.

Le théâtre de la République, son voisin, en reçut un contre-coup direct. Et puis, n'était-ce pas un peu dans l'ordre naturel que le théâtre en faveur sous le règne de la Terreur fût délaissé pendant la réaction de Thermidor ? Quoi qu'il en soit, le public se porta en foule au théâtre Feydeau, qui devint le seul à la mode. Talma essaya alors de ramener les spectateurs avec une tragédie nouvelle de Ducis. *Abufar* ou la *Famille Arabe* fut donné pour la première fois au théâtre de la République le 23 germinal (12 avril 1795). Mais ni le talent de Talma dans le rôle de Faran, ni la grâce de Mlle Desgarcins, ni enfin le mérite et les charmes de Mme Petit-Vanhove ne préservèrent cette pièce de l'indifférence générale. Presqu'au même moment, le théâtre Feydeau reprenait avec un succès éclatant la fameuse pièce, cause jadis de tous les malheurs, l'*Ami des Lois*. Il fallut attendre jusqu'au 13 thermidor (31 juillet) pour enregistrer un succès rue de la Loi. Ce succès fut remporté avec *Quintus Fabius*, tragédie en trois actes de Legouvé. Les principaux interprètes étaient Talma, Baptiste aîné et Mlle Desgarcins.

XXIV

PREMIÈRE RENCONTRE DU GÉNÉRAL BONAPARTE ET DE TALMA

Nous arrivons à une date importante dans l'histoire de la Révolution française ; nous approchons du 13 vendémiaire et du moment où le général Bonaparte va apparaître. Il convient donc de nous arrêter un moment dans notre histoire anecdotique du théâtre, et de porter nos regards sur le nouveau personnage qui va faire son entrée sur la scène du monde.

« Ce fut vers la fin de l'année 1790 que Talma
» vit pour la première fois l'homme extraordi-
» naire que son génie appelait à de si hautes
» destinées. »

Ainsi s'exprime Moreau dans ses *Mémoires historiques et littéraires sur Talma*. Où et de quelle façon ces deux hommes firent-ils connaissance ? c'est ce que le biographe évite avec soin de nous dire. Il faudrait cependant préciser : en 1789, Bonaparte résidait à Valence ; en 1790, il tenait garnison à Auxonne, puis obtenait un congé pour aller à Ajaccio. Vint-il à Paris en 1790 ? c'est possible ; mais on peut se demander quand il eut le temps de lier connaissance avec Talma. Nous ne pouvons guère signaler l'apparition du jeune capitaine à Paris qu'en 1792, alors qu'il y est appelé pour rendre compte de sa conduite en Corse. Nous y relevons sa présence au mois de juin, puis il retourne en Corse en septembre. Il prend part à la campagne en Corse en 1793, et ne revient à Paris qu'après avoir laissé à Nice le régiment d'artillerie dans lequel il sert comme capitaine. Nous n'avons pas l'intention de refaire ici l'historique des commencements de Bonaparte, mais il est bien permis de croire que Moreau s'est un peu pressé en nous donnant la fin de l'année 1790 comme date de la première rencontre entre Bonaparte et Talma. Était-ce au moment où Bonaparte habitait le 5ᵉ étage de la maison du quai de Conti au nº 5, maison où nous avons vu pendant bien longtemps une plaque sur laquelle on lisait : « L'empereur Napoléon, officier d'artillerie, demeurait au 5ᵉ étage de cette maison » ? Ce souvenir aura sans doute troublé le repos de nos conseillers municipaux : il y a des moments où ces gens-là voudraient empêcher l'histoire d'avoir existé. Bref, la plaque fut ôtée. C'est la maison où demeure un bouquiniste, à droite en entrant par le quai dans la rue de Nesle. L'allée est très étroite, et l'on voit la fenêtre, l'unique fenêtre du cinquième, juste au-dessous d'une autre plus petite, qui est celle du grenier ou de la mansarde (1).

C'est dans un de ces voyages à Paris que se passa le fait suivant, à peu près ignoré, et que nous rapporte Charles Maurice dans son *Histoire anecdotique du théâtre et de la littérature* : « Je vois échapper à la
» plume des historiens, et autres encore, nous dit-il,
» un fait de la vie de Bonaparte, qui en est cependant un des plus curieux. Je m'en empare comme
» d'une de ces choses qu'il faudrait remercier de
» ce qu'elles vous autorisent à mettre un moment
» votre souvenir sous l'égide d'un si grand nom.
» Celui qui fut un si habile capitaine n'était encore
» que simple officier lorsque, passant en 1793 sur
» la place du Carrousel pendant qu'on y brûlait
» les attributs de la royauté, il s'arrêta pour regarder, du haut d'un tabouret, ce spectacle palpitant de si mystérieuses prophéties sur sa destinée. Quel tableau à faire, si jamais peintre

---

1) Cette opinion a longtemps prévalu. Boucher de Perthes ndique cette chambrette sous le toit parmi les dix logis de Napoléon (Paris, 1815). M. A. Vitu a réfuté cette assertion dans le *Bulletin de la Société de l'histoire de la ville de Paris* (1884, p. 164). Selon lui, la maison est celle du numéro 5 ancien, à l'angle de l'impasse Guénégaud, dans l'ancien hôtel de Sillery, depuis occupé par la librairie de la veuve Maire-Nyon.

» pouvait imaginer une expression de visage pour
» ce futur habitant du château voisin ! »

Cependant, puisque nous avons cité et réfuté M. Moreau, disons aussi en quoi nous demeurons d'accord : « Bonaparte partit pour la Corse
» avec le général Paoli, ajoute ce biographe, et ce
» ne fut qu'à son retour en France, après la chute
» de Robespierre, que s'établit entre lui et Talma
» une liaison assez intime, dont notre grand tra-
» gédien racontait les particularités avec un charme
» inexprimable, et que n'oublia pas ce nouveau
» César, même quand il fut devenu l'arbitre des
» rois de la terre. »

Le véritable rapprochement entre ces deux hommes extraordinaires, chacun dans son genre; l'un le premier prince de la terre, l'autre le premier prince du théâtre, eut donc lieu après la chute de Robespierre. La personnalité encore bien mince du jeune général n'était même peut-être pas fort éloignée de rechercher l'amitié d'un homme aussi illustre que l'était Talma à cette époque, et qui comptait parmi ses relations tout ce que la France renfermait alors de plus grand en politique et dans les arts. Car nous nous proposons ici d'étudier Bonaparte sous un jour tout nouveau, Bonaparte ami des artistes et protecteur des arts, et enfin, ce qui ne s'est jamais fait, croyons nous, Bonaparte passionné pour le théâtre, en un mot Bonaparte au théâtre. Mais ceci viendra en sa place.

On procédait à Paris à la revision des grades. L'avancement de Bonaparte, général à vingt-cinq ans, — on se rappelle qu'il devait ce grade au fameux siège de Toulon, — parut beaucoup trop rapide. Bonaparte, commandant en chef de l'artillerie de l'armée d'Italie, partit pour Paris afin d'y défendre son grade. Il arriva dans la capitale le 25 mai 1795. Il logea alors rue du Mail, à l'hôtel de Metz, rue des Fossés-Montmartre, à l'hôtel des Droits-de-l'Homme, et enfin rue de la Michodière, n° 19.

« Lorsque je me représente, dit la duchesse
» d'Abrantès dans ses *Mémoires*, lorsque je me
» représente Napoléon entrant, en 1795, dans la
» cour de l'hôtel de la Tranquillité, rue des Filles-
» St-Thomas, la traversant d'un pas assez gauche
» et incertain, ayant un mauvais chapeau rond
» enfoncé sur ses yeux, et laissant échapper ses
» deux *oreilles de chien* (longs cheveux tombant de
» chaque côté du visage), mal poudrées et tombant
» sur le collet de cette redingote gris de fer, devenue
» depuis bannière glorieuse, tout autant pour le
» moins que le panache blanc d'Henri IV ; sans
» gants, parce que, disait-il, c'était une dépense
» inutile, portant des bottes mal faites, mal cirées,
» et puis tout cet ensemble maladif résultant de sa
» maigreur, de son teint jaune ; enfin, quand j'évo-
» que son souvenir de cette époque, et que je le
» revois plus tard, je ne puis voir le même
» homme dans ces deux portraits. »

La vie était dure pour le jeune général. Forcé d'aller solliciter devant d'obscurs conventionnels, privé de ressources, il vendra successivement sa montre et ses livres pour manger. En vain lui proposait-on de passer dans l'infanterie avec son grade et de partir en Vendée, Bonaparte refusait fièrement de quitter l'artillerie, qui était son arme.

C'est bien alors qu'il connut Talma, et le futur vainqueur d'Austerlitz ne dédaigna ni les livres de la bibliothèque bien garnie du tragédien, ni les billets de faveur pour assister aux représentations du théâtre de la République. Il se promène triste, découragé, tantôt avec Junot, tantôt avec Bourrienne; il s'en va dîner modestement aux Frères-Provençaux; il écrit à son frère Joseph des lettres pleines de mélancolie; enfin, pour comble de désespoir, il demande la main de Mlle Désirée Clary, sœur de la femme de son frère Joseph, et il voit sa demande repoussée. Hâtons-nous de dire que Mlle Clary, devenue plus tard la femme de Bernadotte, pourra s'asseoir un jour sur le trône de Suède. Curieux temps que ceux-là!

M. Moreau, déjà cité, a l'air de s'indigner de ce que quelques mauvaises langues ont insinué que dans ces mois de gêne Bonaparte ait même été jusqu'à emprunter de l'argent à Talma : « Cette » liaison, dit-il en parlant de l'amitié de Napoléon » pour Talma, a donné lieu à une foule de contes » niais, répétés par ceux mêmes qui savaient le

» mieux combien ils étaient faux. Jamais Bona-
» parte ne fut l'obligé de Talma, *qui ne lui prêta
» que des livres,* quoi qu'en aient dit quelques bio-
» graphes. Et ce n'est pas seulement au temps de
» la puissance de Napoléon que Talma cherchait
» à détruire un bruit ridicule, c'est après sa
» chute, quand la plupart des hommes qui lui
» devaient leur fortune outrageaient lâchement
» sa mémoire. »

Voilà une chaude défense; quant à nous, qui adoptons volontiers les assertions de M. Moreau, nous ne voyons pas, en admettant que la chose eût été vraie, en quoi le général Bonaparte eût été déshonoré. Une telle action eût fait honneur à ces deux hommes : à Talma le prêteur, à Bonaparte l'obligé.

N'est-ce pas au même temps que Bonaparte, présenté dans le salon à la mode de Mme Tallien, s'intitulait lui-même un officier destitué et déguenillé, qui même, ajoutait-il, n'avait pas de culottes? La loi avait accordé du drap pour en faire, mais seulement aux officiers en activité, et non pas aux officiers en réforme. Le futur César sollicita donc de l'influente Mme Tallien la faveur d'être habillé aux frais de la République, et l'obtint (1).

Néanmoins nous considérons comme tout à fait

(1) Imbert de Saint-Amand, *Jeunesse de l'impératrice Joséphine.*

apocryphe la lettre suivante que nous trouvons dans l'ouvrage de M. Maillot, la *Musique au théâtre*, page 365; — lettre dont l'auteur cité n'indique pas du reste la provenance (1).

« Je me suis battu comme un lion pour la Ré-
» publique, mon bon ami Talma, et, en récom-
» pense, elle me laisse mourir de faim. Je suis au
» bout de mes ressources; ce misérable Aubry me
» laisse sur le pavé, lorsqu'il pourrait faire de moi
» quelque chose. Je me sens de force à primer
» les généraux Santerre et Rossignol, et l'on ne
» trouvera pas un petit coin de la Vendée ou ail-
» leurs pour m'employer? Tu es heureux! Ta
» réputation ne dépend de personne; deux heures
» passées sur les planches te mettent en présence du
» public qui dispense la gloire. Nous autres, mi-
» litaires, il nous faut l'acheter sur une plus vaste
» scène, et on ne nous permet pas toujours d'y
» monter. Ne regrette donc pas ta position; reste
» sur ton théâtre. Qui sait si je reparaîtrai jamais
» sur le mien !

» J'ai vu hier Monvel, c'est un parfait ami.
» Barras me fait de belles promesses, les tiendra-
» t-il? J'en doute. En attendant, je suis à mon

(1) Cette lettre a encore été reproduite dans le journal *l'Événement* du 25 juin 1886. Mais M. Firmin Javel, qui la cite ou plutôt qui l'emprunte à M. Maillot, se garde bien de dire où il l'a lue. Nous avons déjà réfuté cette lettre dans la *Revue d'art dramatique*, numéro du 15 juillet 1886.

» dernier sou. Aurais-tu quelques écus à mon
» service ? Je ne les refuserai pas et je t'en assure
» le remboursement sur le premier royaume que
» je conquerrai avec mon épée. Mon ami, que les
» héros d'Aristote étaient heureux ! Ils ne dépen-
» daient pas d'un ministre de la guerre !

» Adieu, tout à toi,

» BONAPARTE. »

XXV

BONAPARTE ET TALMA CHEZ Mme TALLIEN

La nomination du conventionnel Doulcet de Pontécoulant au comité de la guerre vint changer la fortune de notre général. De Pontécoulant n'était pas au courant des détails concernant l'armée d'Italie. Bonaparte lui est recommandé ; il le fait venir, et l'attache avec son grade de général au comité de la guerre. Sa solde enfin lui est rendue.

Bonaparte ne fut pas sans se rencontrer aussi plus d'une fois avec Talma dans les salons de Mme Tallien. Un lien commun rapprochait le général du tragédien. Comme dans l'atelier de David, Talma trouvait un interlocuteur à qui parler de l'antiquité ; et l'on sait si Bonaparte adorait aussi ce sujet de conversation !

Dans cette société se trouvait aussi la belle Joséphine, Mme de Beauharnais, que Mme Tallien avait connue dans la prison des Carmes ; elle avait promis à sa compagne de cellule de la délivrer, et elle avait tenu parole. N'est-ce donc pas plutôt chez Mme Tallien que Bonaparte vit Joséphine pour la première fois, qu'il l'y retrouva maintes fois, puisqu'elle était presque de la maison, et ne faut-il pas laisser de côté tous les contes fantaisistes que l'on a tracés au sujet de leur première rencontre ? Et puisque nous parlons ici du salon de Mme Tallien, ne convient-il pas de nous y arrêter un instant ? Ce n'est pas sortir de notre sujet, puisque les deux principaux personnages qui nous occupent, Bonaparte et Talma, en étaient les hôtes habituels. Entrer dans le salon de Mme Tallien, c'est en somme ne pas les quitter. Nous y entrerons avec eux.

Il y avait au bout de l'allée des Veuves, près du Cours la Reine, une petite maison cachée par un massif de peupliers et de lilas et que l'on appelait la *Chaumière*. Elle était en effet recouverte de chaume, mais peinte à l'huile, ornée de bois brut, et entourée de fleurs comme une chaumière d'opéra-comique.

C'est là que trônait Mme Tallien, qu'on appelle plus communément Notre-Dame de Thermidor. Ne vient-elle pas, par son courage et par sa bonté, de délivrer la France du joug odieux de Robespierre ? « C'est, pour me servir des termes de MM. de » Goncourt (1), la jolie ambassadrice envoyée pour

---

(1) *Histoire de la Société française pendant le Directoire.*

» réconcilier les femmes avec la Révolution, les
» hommes avec la mode, le commerce avec la
» République, la France avec une cour! Elle est
» une Pompadour venue après tant de Lycurgue ;
» et de sa voix enchantée, elle rappelle de l'exil
» et les ris et les jeux ! Elle fait étendre les tapis
» sur les taches de sang; elle verse à la France
» oublieuse le thé de la folie ! Et, reconstituant un
» Versailles tout autour d'elle, prêchant les dé-
» penses, l'amour, les élégances, elle entraîne à la
» musique, elle entraîne à la danse, elle entraîne
» à la vie tout ce monde, tout à l'heure occupé à
» mourir. »

L'intérieur de la *Chaumière* ressemble à un temple grec. Les toilettes des femmes y sont excentriques, les robes grecques, les bijoux renouvelés de l'antique. Garat vient y chanter ses plus mélodieuses romances; Barras, Fréron, Chérubini, Joseph Chénier, Lacretelle, Méhul se pressent dans ce salon. Tallien, lui, laisse faire, et se promène en triomphateur au milieu de cette foule. La raillerie et la gaîté de Mme Tallien éveillent la raillerie et la gaîté. On invente les plus beaux mots dits par elle ou contre elle.

Le salon de Mme Tallien présentait donc ce coup d'œil particulier qu'il réunissait sous le même toit des émigrés, des régicides, et des sans-culottes, qui maintenant s'habillaient comme des petits maîtres. Mais l'existence même de Mme Tallien n'avait-elle pas quelque rapport avec la composition de cette société ? Ancienne aristocrate, n'avait-elle pas arboré le bonnet phrygien ? Marquise de Fontenay, n'avait-elle pas été orateur de clubs ? Femme d'une exquise bonté d'âme, n'avait-elle pas épousé un des organisateurs des massacres de septembre ? Autant de contrastes dans lesquels elle se plaisait, et qu'elle aimait à retrouver dans son salon.

Nous avons dit que Mme de Beauharnais, veuve sans ressources avec deux enfants — son mari le vicomte de Beauharnais avait péri sur l'échafaud, — était une assidue de cette maison. La pauvre femme se trouvait en effet absolument sans argent, réduite la plupart du temps à aller dîner chez une dame Dumoulin qui compatissait à ses malheurs. Mme Tallien, qui avait pu apprécier en prison le caractère de son amie, mit tout en œuvre pour lui faire rendre une partie des biens confisqués de son mari. En attendant, l'amitié de ces deux femmes était sincère, et Joséphine faisait fort bonne figure aux côtés de Mme Tallien, les jours de réception.

« L'égalité de son humeur, nous dit Arnault,
» qui la connut beaucoup à cette époque, puis-
» qu'il était quelquefois son cavalier servant, la
» facilité de son caractère, la bienveillance qui
» animait son regard, et qu'exprimaient non seu-
» lement ses discours, mais aussi l'accent de sa
» voix, certaine indolence naturelle aux créoles,

» qui se faisait sentir dans ses attitudes, comme
» dans ses mouvements, et dont elle ne se défai-
» sait pas entièrement dans l'empressement qu'elle
» mettait à vous rendre un service, tout cela lui
» prêtait un charme qui balançait l'éclatante
» beauté de ses deux rivales. » Les deux rivales
en beauté dont parle Arnault étaient la belle
Mme Récamier et Mme Tallien.

Bonaparte parut à la *Chaumière*. Un soir, jetant
son masque sévère et méditatif, « il prit le ton et
» les manières d'un diseur de bonne aventure,
» s'empara de la main de Mme Tallien, et débita
» mille folies. Chacun voulut offrir sa main à
» cet examen, mais quand vint le tour de Hoche,
» il parut s'opérer un changement dans son hu-
» meur : il examina attentivement les signes de la
» main qui lui était présentée, et, d'un ton solen-
» nel, dans lequel il perçait une intention peu
» bienveillante, il dit : « Général, vous mourrez
» dans votre lit. » Une généreuse colère brilla un
» moment sur le front de Hoche, mais une saillie
» de Mme de Beauharnais dissipa ce nuage. »

Si Bonaparte ne détestait pas les arts, comme
nous le verrons tout à l'heure, c'est peut-être dans
le salon de Mme Tallien qu'il affina son goût déjà
naissant. Mlle Sophie de La Valette qui devint
plus tard Mme Sophie Gay, et la mère de Mme
Delphine de Girardin, nous a laissé quelques souvenirs sur ce salon où elle fut admise. « Garat,

» nous dit-elle, Garat, cet Orphée qui avait si sou-
» vent charmé par ses chants ses camarades d'in-
» fortune, devait, comme tant d'autres, la liberté
» à Mme Tallien, et il lui en témoignait sa recon-
» naissance en venant presque chaque jour chanter
» dans son salon quelques-uns de ces beaux airs
» italiens dont il a donné le goût à nos oreilles
» françaises. Chérubini, Méhul l'accompagnaient ;
» le violon de Rhodes remplissait les intervalles
» d'une cavatine de Cimarosa à une scène de
» Glück. »

C'est donc bien dans le salon de Mme Tallien que s'opéra la renaissance de tout ce qui faisait autrefois le charme des salons de Paris. Là les gens de lettres, depuis si longtemps muets, et les artistes, dont les inspirations avaient été étouffées par la Terreur, s'y retrouvèrent et s'y comptèrent. La mode enfin partit du salon de Mme Tallien, et les belles « impossibles de la nouvelle France » en partirent nues dans un fourreau de gaze, avec des camées aux jambes et des anneaux d'or à chaque doigt de pied.

Talma vint sans contredit dans le salon de Mme Tallien ; seulement, pour être juste, nous devons dire que nous n'avons trouvé nulle part la preuve qu'il y ait récité des vers. Il est vrai que les républicains de l'an IV avaient le bonheur d'ignorer le monologue tel que nous le connais-sons, et puis il n'était guère d'usage de déclamer dans un salon des vers de tragédie. Enfin, quoi qu'on en dise, Talma gardait toujours une certaine réputation de jacobinisme, bien peu justifiée, comme nous l'avons vu, et il n'aurait certes pas voulu effrayer les dames en leur faisant apparaître Brutus.

XXVI

TRANSITION

Et puisque nous avons parlé de la mode et du costume, connaissez-vous l'histoire curieuse de Talma arrêté comme fou en plein Palais-Royal ? Dès 1792, David avait voulu essayer un costume national. Talma un jour lui vint en aide, et promit à David de porter à la ville le costume que celui-ci avait dessiné. Un habit court croisant sur les cuisses comme la tunique romaine, un manteau, une toque avec une aigrette aux trois couleurs, tel était en résumé cet accoutrement. Baptiste cadet, qui était assez joli garçon, se hasarda à sortir aussi travesti de la sorte; mais mal en prit aux innovateurs, comme on va voir.

« Comme nous traversions le Palais-Royal, ra-
» contait Talma à Arnault, le peuple, nous voyant
» ainsi fagotés, nous prit pour des étrangers, pour
» des Autrichiens, pour des Turcs, pour des espions
» déguisés. On nous avait entourés, et l'on nous

» jetait dans le bassin du jardin, si le commandant
» d'une patrouille qui survint fort à propos, nous
» tirant des mains des patriotes, ne nous eût sauvés,
» en promettant sur son honneur que le commis-
» saire chez qui l'on nous conduisit ferait de nous
» bonne et prompte justice. Le peuple, qui avait
» descendu la lanterne, attendait encore l'effet de
» cette promesse trois heures après qu'on la lui avait
» faite; mais nous étions sortis de là en uniforme
» de la garde nationale. Ce costume, que j'ai cédé
» à la direction de notre théâtre, ajoutait Talma,
» habille, depuis ce jour-là, un des comparses dans
» *Robert, chef de brigands.* »

Vers le même temps du reste, Sergent exposait au Salon un dessin d'un costume républicain de sans-culotte, sorte de robe virile que Sergent ne voulait donner à ses concitoyens qu'à l'âge de vingt et un ans. Mais la plus amusante histoire de ce genre, n'est-ce pas celle de cette mère de famille qui, *désirant se costumer dans le genre antique*, s'adresse à la Société républicaine des arts. Dans sa séance du 19 floréal, la Société nomme deux commissaires, Espercieux et Petit-Coupray — vous voyez que nous précisons, — commissaires chargés de « se trans-
» porter près du directeur des costumes du théâtre
» de la République, afin de procurer à la citoyenne
» le moyen de couper l'étoffe d'une manière con-
» venable. » Nous ne pouvons vous dire, par exemple, si la mère de famille eut gain de cause.

Nous avons vu Bonaparte arriver à Paris en mai 1795, et en bien modeste équipage. Nous l'avons vu se façonner peu à peu aux belles manières dans le salon de Mme Tallien où, pour la première fois peut-être, il a coudoyé des artistes. Nous l'avons vu devenir l'ami de Talma, à qui il emprunte volontiers des livres, ayant vendu les siens, et pour cause. Nous allons examiner dès à présent quel effet purent produire sur cette imagination ardente les premières représentations théâtrales auxquelles il lui fut donné d'assister. Assurément ce lecteur assidu de Plutarque aime avant tout la tragédie; il porte en lui, sans le savoir, quelque chose de l'âme du grand Corneille. Nous verrons plus tard de quelle façon il le jugera. La tragédie pour lui, c'est la vie, c'est le drame, c'est l'action; il fait de la politique avec *Cinna*, il combat avec les *Horaces*. Comme David, comme Talma, il est Grec avec les Grecs, et Romain avec les Romains. La tragédie convenait à cette trempe italienne.

Ne croyez pas cependant qu'il dédaigne l'Opéra ou ce qui s'y passe. Ce petit officier corse, à peine débarqué à Paris, se tient fort bien au courant des menus événements du jour, tout comme un incroyable ou un habitué de Coblentz, et écrit à son frère Joseph en date du 10 juillet, c'est-à-dire moins de deux mois après son arrivée : « Le luxe, le plaisir » et les arts reprennent ici d'une manière éton-

» nante ; hier on a donné *Phèdre* à l'Opéra, au profit
» d'une ancienne actrice ; la foule était immense
» depuis deux heures de l'après-midi, quoique les
» prix fussent triplés. » Et plus loin : « Les femmes
» sont partout : aux spectacles, aux promenades, aux
» bibliothèques. » Il lui écrit encore le 30 juillet :
« Ce grand peuple se donne au plaisir : les danses,
» les spectacles. » Il lui écrit aussi le 12 août :
« Cette ville est toujours la même, tout pour le
» plaisir, tout aux femmes, aux spectacles, aux
» bals, aux promenades, aux ateliers des artistes. »
Un homme qui ne va jamais au spectacle ne parle
pas de cette façon. Bonaparte est un curieux, un
avide de connaître. Ignorant de Paris, il cherche
à en approfondir tous les recoins, à en saisir le
mécanisme, à voir, à comprendre, à juger. On se
représente aisément ce petit Italien pâle, frêle,
maladif, d'une énergique fermeté, possédant un
regard étrange, on se le représente, dis-je, avec
son habit râpé et ses grands cheveux qui lui pendent
sur les oreilles, allant dîner solitaire dans quelque
restaurant à bon marché du Palais-Royal, avant
d'aller applaudir Talma au théâtre voisin. Enfin le
13 vendémiaire approche à grands pas, c'est-à-dire,
pour Bonaparte, le commencement de la fortune.
Et où la soirée du 12 vendémiaire trouvera-t-elle
Bonaparte ? Au théâtre Feydeau, où il assiste à
la représentation avec un de ses amis. C'est en
apprenant ce qui se passe dans la rue, qu'il se pré-

cipite en hâte hors de la salle pour se rendre aux Tuileries, où siège la Convention.

Avant de quitter Mme Tallien, du salon de laquelle nous venons à peine de sortir, ajoutons simplement cette remarque : Bonaparte aimait beaucoup Mme Tallien, non pas seulement parce qu'il lui devait, comme nous l'avons raconté, « ses culottes », mais pour un autre motif bien autrement puissant : Mme Tallien avait désigné à Barras et à son mari le général Bonaparte pour la journée du 13 vendémiaire.

XXVII

LE 13 VENDÉMIAIRE

Le 13 vendémiaire, on le sait, c'est la rébellion des sections contre la Convention, défendue et sauvée par le général Bonaparte, la veille encore un inconnu. La Convention voulait, disait-on, recommencer la Terreur. Sur un mot d'ordre, toutes les sections prirent les armes. La section Lepelletier, qui siégeait au couvent des Filles-Saint-Thomas, sur l'emplacement actuel de la Bourse, était le centre de la résistance. Le général Menou, ayant reçu l'ordre de la Convention d'aller désarmer cette section, entassa son infanterie, sa cavalerie et ses canons dans la rue Vivienne, endroit où il lui aurait été bien difficile de combatre. Et cependant, comme on l'a vu, les théâtres si nombreux dans ce quartier ne faisaient pas relâche, puisque Bonaparte assistait tranquillement à la représentation du théâtre Feydeau. A vrai dire, Bonaparte n'a aucun ordre, et s'il quitte volontairement la salle Feydeau pour se rendre à la Convention, c'est de son propre gré et mû par un sentiment de curiosité bien naturelle. La Convention perd la tête. Barras est désigné comme général en chef. Il demande Bonaparte comme second, ce qui lui est accordé. Raconter la journée du 13 vendémiaire n'étant pas de notre ressort, nous glisserons vivement sur ces événements, qu'il est toutefois indispensable de rappeler en quelques lignes pour la compréhension de ce qui suivra.

Bonaparte se charge de tout ; les sections ont quarante mille hommes, et la Convention cinq mille. Mais les sections n'ont pas d'artillerie ; les canons sont au camp des Sablons. Le chef d'escadron Murat reçoit l'ordre d'aller les chercher à la tête de trois cents chevaux. Il devance le bataillon de la section Lepelletier et ramène les pièces aux Tuileries. Quand le jour se lève sur Paris, un immense camp retranché est formé pour la défense de la Convention. La ligne de défense s'étend de la rue Saint-Honoré à la Seine, en passant par le Pont-Neuf et la place de la Révolution (place de la Concorde). La réserve stationne sur cette dernière place, et la cavalerie est massée au Carrousel. Enfin, en cas d'insuccès, la réserve protégerait la ligne de retraite dans la direction de Saint-Cloud. C'est dans cet ordre de combat qu'on attend l'attaque des sections.

La matinée et une partie de la journée se passèrent à parlementer sans résultats. Le peuple de Paris a toujours été le même : ceux qui ne combattent pas viennent voir ce qui se passe. Des femmes, des enfants se mêlent aux sectionnaires. Il y en a sur les marches de l'église Saint-Roch, il y en a sous les galeries du théâtre de la République. Barras et Bonaparte visitent les avant-postes. A quatre heures et demie une détonation retentit. Le feu s'engage de tous côtés à la fois. Le canon des conventionnels balaie la rue Saint-Honoré et les marches de Saint-Roch. Les sectionnaires fuient de toutes parts ; puis, se ralliant à nouveau, veulent tenter une attaque sur les ponts. Bonaparte est accouru. Il place plusieurs batteries sur le quai des Tuileries, et recommence ce qu'il avait fait rue Saint-Honoré. A six heures le combat était achevé. Barras peut annoncer à la Convention qu'elle n'a plus rien à craindre d'aucun côté.

La stratégie de Bonaparte et sa promptitude d'exécution avaient décidé du résultat de la journée du 13 vendémiaire. Cependant nul encore ne parlait de lui. Fréron prononça son nom le lendemain à la tribune. Barras dit à son tour : « C'est le général Bonaparte dont les dispositions » promptes et savantes ont sauvé cette enceinte. » On applaudit, et on le promut au grade de général de division.

On l'introduit dans la salle pour qu'il entende

lire le décret de sa nomination au grade de général de division; il se présente vêtu d'un habit militaire plus qu'à demi usé, et où la broderie brillante qui orne ceux de ses collègues est remplacée par un galon tissu qui l'imite imparfaitement. Il porte une culotte de peau de daim, *qui, l'avant-veille, lui avait été prêtée par Talma; il est maigre de taille et de figure* (1).

Bonaparte obtient les honneurs de la séance, et peu après se retire. « Mais, lui dit-on, la
» Convention continue à siéger. » Il répond :
« Elle siège ici parce qu'elle y travaille, et moi
» je vais où je travaillerai. »

La journée du 13 vendémiaire fut encore suivie d'une petite réaction, bien moins forte cependant que celle de Thermidor. « Talma, dont la mai-
» son, comme celle du Bon Dieu, était ouverte
» à tous les pécheurs, nous dit Arnault, et qui,
» après avoir recueilli plus d'un fédéraliste au 31
» mai, hébergeait un terroriste depuis prairial,
» reçut un royaliste qui, à la suite des journées
» de vendémiaire, se crut obligé de se cacher.
» Quoique l'homme de prairial appartînt à une
» faction qui l'avait proscrit comme girondin, et
» l'homme de vendémiaire à un parti qui l'eût
» proscrit comme révolutionnaire, ne voyant en

(1) *Le Directoire, portefeuille d'un incroyable*, par Roger de Parnes, p. 108.

» eux que des proscrits, il leur prodiguait tous les
» soins de l'hospitalité la plus attentive. Mais crai-
» gnant qu'ils fussent moins indulgents entre eux
» qu'il ne l'était pour eux, il leur laissait igno-
» rer qu'également miséricordieux pour tout le
» monde, il les logeait sous un toit commun ; et
» comme le terroriste était caché au grenier, il
» avait caché le royaliste à la cave. »

« Julie, poursuit Arnault, ne m'avait pas mis
» d'abord dans la confidence. Quelque temps
» après avoir recueilli le premier, comme elle
» désirait procurer quelque distraction à ce mal-
» heureux qui passait ses journées dans une soli-
» tude absolue :

« Auriez-vous bien de la répugnance, me dit-
» elle un soir, à souper avec un terroriste ? — Avec
» un terroriste ! — Avec Fusil. — Fusil, qui vous
» dénonçait aux Jacobins, vous et votre mari ?
» — Peut-être ! — Et par quel hasard souperait-il
» chez vous ? — Par le hasard qui fait qu'il y
» loge. — Et par quel hasard le logez-vous ? — Parce
» qu'il nous a demandé asile contre le décret
» qui le met hors la loi. Il ne mourra pas sur
» l'échafaud, je l'espère ; mais j'ai peur qu'il ne
» meure d'ennui si je ne trouve quelque moyen
» de le récréer. A l'heure du souper, ma porte est
» fermée ; il peut venir ici sans risque. Il y vient
» quand nous sommes seuls ; il y viendrait ce
» soir, si vous n'aviez pas trop peur de lui. —

» Horreur, voulez-vous dire. Mais quand vous
» vous montrez si généreuse, quand vous sur-
» montez votre haine, pourrais-je ne pas surmon-
» ter une répugnance? »

Et le terroriste Fusil vint souper tous les soirs en compagnie jusqu'au jour où survint le proscrit de vendémiaire. Il fallut redoubler de précautions ; on n'invita plus que de deux jours l'un le terroriste à souper, et l'on fit de même pour le royaliste. Une fois cependant Julie se hasarda à les faire souper ensemble. — « Oui, il faut les faire boire
». ensemble, dit Talma. Ils ne se connaissent
» pas : présentons-les l'un à l'autre comme des
» amis de la maison. Si la conversation s'engageait
» sur les affaires publiques, nous ne la laisserions
» pas aller trop loin; et puis rien ne serait plus
» facile que de les réconcilier. Le verre à la main,
» on se passe tout. Faisons-les souper ensemble,
» ce sera drôle ! »

Le projet s'exécuta le soir même. Tout se passa d'abord à merveille ; ces messieurs furent très polis et très prévenants entre eux. Mais au dessert, un mot gâta une si belle combinaison. « Il n'y a
» qu'un terroriste qui puisse penser ainsi, dit le
» royaliste. — Il n'y a qu'un royaliste qui
» puisse parler comme cela, répliqua l'autre. —
» C'est parler comme un misérable ! » Et tous deux de se lever de table.

Ce ne fut pas sans peine que le maître et la maîtresse de la maison, qui les prirent chacun en particulier, parvinrent à les calmer et à les reconduire dans leurs cachettes respectives, où ils les gardèrent encore quelques semaines à l'insu l'un de l'autre. Tout se termina par les rires du bon Talma et de sa femme.

XXVIII

LE SALON DE JULIE EN 1795

Hélas! le salon de Julie avait bien changé d'aspect depuis trois ans. La petite maison de la rue Chantereine, si encombrée et si gaie naguère, avait perdu tour à tour la plupart de ses hôtes. « Com-
» bien de fois j'ai désiré, soupire Mme Fusil dans
» ses *Souvenirs*, pouvoir parcourir cette maison
» de la rue Chantereine ! Je croirais y voir errer
» les ombres de ceux que j'y rencontrais, et assis-
» ter encore à ces charmantes causeries de Bou-
» cher, Lavoisier, Condorcet, Roger-Ducos, Ver-
» gniaud et d'autres! » Après les Girondins morts sur l'échafaud, bien des amis de ceux-ci avaient eu le même sort. Nous avons cité parmi les habitués fidèles Souques, Riouffe, Lenoir, Allard ; tous avaient subi des fortunes diverses.

Souques, après avoir été le secrétaire de Brissot de Warville, s'était vu forcé de fuir avec lui. Arrêté à Limoges, ramené à Paris, il n'avait été remis en liberté que sous la surveillance d'un gendarme, qui l'accompagnait partout, au restaurant, au spectacle, et qu'il appelait plaisamment sa *bonne*.

Riouffe, esprit très vif, très original, brillait par sa conversation piquante et profonde. On pouvait comparer ses discours à un feu d'artifice sans apprêts.

Mais sa pétulance malicieuse lui avait attiré bien des ennemis. Son ami Giret-Dupré avait porté sa tête sur l'échafaud; Riouffe ne fut sauvé que par le 9 thermidor. « Je n'oublierai jamais l'im- » pression que produisit sur moi le récit de sa » captivité, dont il nous fit la lecture chez Talma, » nous dit Arnault. Riouffe avait subi en effet une longue détention à la Conciergerie, comme complice des Girondins. Souques et Riouffe sont morts jeunes relativement tous deux. L'un de chagrin et dans la pénurie, après avoir siégé dix ans au Corps législatif; l'autre d'une maladie contractée en visitant les prisons de sa préfecture.

Lenoir s'était livré aux affaires de toutes sortes. Lenoir avait le génie de créer les affaires, ce qui n'est pas toujours la même chose que de les diriger. Il avait le don de vous amuser avec des calculs, et faisait rire avec des chiffres; avec lui une discussion sur un art profitait toujours à l'homme de cet art : on y trouvait toujours quelque aperçu neuf. Néanmoins, il n'amassa guère de fortune; il vivait encore en 1833, et mourut quelques années après.

Allard joignait le goût des arts à l'intelligence des affaires. C'était surtout un homme du monde. Il aimait passionnément le théâtre, et Mlle Desgarcins l'aimait passionnément. Un jour celle-ci se soupçonnant une rivale, arrive chez Allard et, n'obtenant pas une explication suffisante, se poignarde. Allard la soigna, mais la chaîne fut rompue, et Mlle Desgarçins, condamnée à une longue convalescence, quitta le théâtre à cette occasion, ce qui fut une perte pour l'art.

« Quelques autres personnes, nous dit encore
» Arnault, venaient se mêler à nos soupers, mais
» ce n'étaient guère que des oiseaux de passage,
» amenés là par le caprice ou par la tempête, car
» cette maison était ouverte surtout à quiconque
» avait besoin d'un refuge.
» C'est là que je fis connaissance avec Rœde-
« rer, lorsque la mort de Robespierre lui permit,
» au bout de deux ans, de sortir de la réclusion
» à laquelle il s'était condamné pour sauver sa
» tête. C'est là aussi que je retrouvai Chamfort,
» enfin désabusé de ses illusions. »

Chamfort lui, ayant voulu se tuer pour échapper au bourreau, s'était affreusement défiguré. Il avait le nez fracassé, l'œil droit enfoncé, le corps taillade à coups de rasoir. C'est ainsi qu'il traîna encore six mois chez le peu d'amis qui lui restaient. Il mourut peu de jours après le supplice de Danton, et peu de mois avant celui de Robespierre.

Mais la véritable cause de la solitude où se trouvait à présent le salon de Julie était la froideur survenue entre les deux époux. Talma était bon. Tant qu'il n'eut pour personne le sentiment qu'il croyait avoir pour Julie, tout alla bien ; mais quand une autre femme eut fait naître en lui ce sentiment auquel Julie se croyait un droit exclusif, la brouille se mit dans le ménage. Et puis Julie avait passé le cap de la quarantaine. Talma avait sept à huit ans de moins. Vivant dans un monde élégant, facile, les séductions ne manquaient pas. Julie se plaignait que son mari la négligeait. Lui se plaignait des exigences de sa femme. Leur fortune même avait reçu un rude accroc, car ils ne savaient ni l'un ni l'autre régler leurs dépenses. Mme Talma ne comptait jamais avec ses domestiques ; il fallait que ce fût lui qui s'en mêlât, et le pauvre Talma n'était guère fait pour les chiffres. Alors ils s'accusaient mutuellement des embarras de leurs affaires, et, pendant ce temps, les amis de la maison (fort nombreux) arrivaient pour dîner ou souper, à différentes heures : il en résultait que la table était comme permanente, servie et resservie pour les nouveaux venus.

« C'est de cette époque (la Terreur), écrit » Mme Fusil, que Talma commença à négliger sa

» femme ; il rentrait tard tous les jours qu'il
» n'était pas occupé au théâtre. Lorsqu'ils avaient
» du monde à dîner., on l'attendait souvent en
» vain. Sa Julie trouvait toujours quelque pré-
» texte pour l'excuser; moi qui voyais Talma très
» assidu auprès d'une jolie femme, qu'il avait en-
» levée à son ami Michot, je ne partageais pas sa
» confiance; nous en parlions souvent avec Sou-
» ques, mais nous avions grand soin de cacher nos
» craintes à Mme Talma. »

De quelle jolie femme Mme Fusil veut-elle parler ? Nous l'ignorons. Ce qu'il y a de certain, c'est que, vers cette époque, sa passion pour Mme Petit-Vanhove allait sans cesse croissant. Ce n'est pas la première fois que ce nom nous revient sous la plume. Nous étudierons cette intéressante figure un peu plus loin. Julie, dépitée, fit épier son mari. Il y eut brouille, puis raccommodement. Tout cela était pénible, et Julie avoua à ses amis qu'elle songeait à se séparer de son mari. Le bon Lenoir, qui était plein d'idées, voulut tout arranger.

— Je vais passer quelques jours à Marseille, dit-il à Julie, venez avec moi. Je vous emmène. Vous verrez par l'effet de cette courte absence s'il vous est possible de vous passer de lui.

Dans un premier moment de colère, Julie accepta la proposition de Lenoir ; puis elle reprit sa parole, et finit par lui dire :

— S'il vous faut un compagnon de voyage, emmenez Arnault.

Arnault nous a raconté son voyage à Marseille en compagnie de Lenoir; ils étonnèrent tout le monde et firent scandale avec leurs coiffures à la *Titus* : « Ce n'est pas à Titus, fils de Vespasien, à
» Titus, l'amour du genre humain, qu'elle se rap-
» porte ; mais à Titus, fils de Brutus ; elle désigne
» la coiffure que s'ajustait Talma, dans ce dernier
» rôle, sur ses cheveux poudrés, et qu'il finit
» par porter à la ville, où à la longue elle fut
» adoptée, d'abord par quelques amis de l'anti-
» quité, artistes ou gens de lettres, et puis in-
» sensiblement par les jeunes gens de tous les
» partis. Les cheveux des Montagnards étaient
» longs, plats, et surtout très gras ; les cheveux
» à la Titus, au contraire, lavés et parfumés,
» étaient très courts. Un coiffeur, nommé Duplan,
» à qui Talma avait enseigné cette façon de
» couper les cheveux, fut longtemps le seul au-
» quel on s'adressa pour être coiffé d'une ma-
» nière classique. »

Bonaparte lui-même passa plus tard par ses mains; mais ce ne fut qu'à son retour d'Italie, et à l'instigation de Joséphine, qu'il se décida à quitter la poudre ; en quoi il fut imité par son état-major, à commencer par Berthier, qui jusqu'alors avait été poudré comme lui.

Car il ne fut aucun temps, à vrai dire, où l'on

s'occupât autant de la coupe de ses cheveux que sous le Directoire. La perruque ou la façon dont on arrangeait ses cheveux était une profession de foi politique. Quelques années auparavant, beaucoup de gentilshommes ou même de simples royalistes n'avaient-ils pas dû leur supplice à la seule forme de leurs perruques? On comprendra après cela cette profusion de perruques de toutes grandeurs et de toutes dimensions, perruques à tire-bourres, à crochets sur l'œil, à l'anglaise, à l'espagnole, à filasse d'enfant, à la turque, perruques grecques et perruques romaines, perruques à la Vénus, perruques à la Titus, perruques à l'Aspasie, perruques à la Caracalla! « Quelle imagination que celle des
» dictateurs de la tête, lisons-nous dans *l'Histoire*
» *de la Société française pendant le Directoire*, cette
» œuvre d'érudition et de compilation des frères
» de Goncourt : Rey, le ministre des modes,
» Legros et Duplan, Duplan, l'ancien valet de
» chambre de Talma, Duplan, dont le génie s'est
» révélé au service du grand acteur! » Enfin nous ne saurions fermer cette parenthèse sur les perruques sans mentionner la célèbre *coiffure à la victime*, souvenir des prisons d'hier, et consistant à relever les cheveux en les attachant avec un peigne courbé, laissant ainsi la nuque à découvert. Décidément, nous aimons mieux encore la coiffure à la Titus qu'avait inaugurée Talma.

XXIX

SÉPARATION DE TALMA ET DE JULIE

Cependant la vie ne devenant plus possible de part et d'autre dans le ménage du tragédien, il fut décidé entre les deux époux qu'on se séparerait à l'amiable.

« Je recevais souvent des lettres de Mme Talma,
» lisons-nous dans *les Souvenirs d'une actrice* (1).
» Le besoin d'épancher son cœur dans celui
» d'une amie avait établi entre nous une corres-
» pondance suivie. Avant mon départ, Talma
» n'était déjà plus un mari fidèle ; il se laissait
» facilement séduire, mais elle l'ignorait. Une per-
» sonne indiscrète se chargea du soin de l'ins-
» truire; elle crut bien faire peut-être, mais, dès
» ce moment, la jalousie s'empara du cœur de
» cette pauvre femme, incapable de la dissimuler. »
Les reproches se succédèrent ; mais les repro-

(1) Louise Fusil. Tome II, chap. VI, page 109.

ches ne ramènent pas celui qui n'a plus d'amour. Aussi, dès que son mari se vit découvert, il ne se contraignit plus. Julie lui renvoya ses casques, ses armures, tout cet attirail de théâtre qui meublait une très grande pièce, et la maison de la rue Chantereine resta déserte.

Talma alla habiter rue de la Loi, et sa femme rue Matignon, n° 2, chez Mme de Condorcet. Elle emmenait avec elle ses deux fils, Castor et Pollux, dont nous avons raconté la naissance, et qu'elle perdit fort jeunes encore et poitrinaires.

Ils avaient été précédés dans la mort par un frère, à qui Talma avait donné le nom de *Tell*, et qui mourut le 3 avril 1794, grande rue de Chaillot, âgé de douze jours, ainsi qu'il résulte de la déclaration d'une blanchisseuse et de René Cruché, le cuisinier de Talma (1).

Benjamin Constant nous a laissé des détails sur les dernières années de Julie. Ses opinions politiques, loin de s'amortir par le temps, avaient pris au contraire plus de véhémence vers la fin de sa vie. Son amour pour la liberté s'était identifié avec ses sentiments les plus chers. La perte de l'aîné de ses fils fut un coup dont elle ne se releva jamais ; et cependant, au milieu de ses larmes, dans une lettre qu'elle adressait à l'ombre de ce fils tant regretté, lettre qui n'était pas des-

---

(1) Registres de la municipalité, 14 germinal an II.

tinée à être vue et que ses amis n'ont découverte parmi ses papiers qu'après sa mort ; dans cette lettre, dis-je, elle exprimait « une douleur pres-
» que égale à la servitude de sa patrie sous le ré-
» gime impérial ; elle s'entretenait, avec celui qui
» n'était plus, de l'avilissement de ceux qui exis-
» taient encore. »

Benjamin Constant (1) semble s'étonner qu'elle n'eut point d'idées religieuses. Mais son éducation, la société qui l'avait entourée dès sa première jeunesse, ses liaisons intimes avec les derniers philosophes du XVIIIe siècle, l'avaient rendue inaccessible à toutes les craintes comme à toutes les espérances de cette nature.

« J'ai vu cette incrédulité, nous dit-il, aux
» prises avec l'épreuve la plus déchirante. Le plus
» jeune des fils de Julie fut attaqué d'une mala-
» die de poitrine qui le conduisit au tombeau ;
» elle le soigna pendant près d'une année, l'ac-
» compagnant de ville en ville, espérant tou-

(1) Nous extrayons les quelques lignes suivantes des *Causeries du lundi de Sainte-Beuve*, tome XI, p. 439, et les reproduisons sans commentaire, n'ayant pu nulle part contrôler cette assertion : « Benjamin Constant devint épris de Mme de
» Staël, lorsqu'elle avait le plus en douleur l'infidélité de
» M. de Narbonne (sept. 1794)... A la mort de M. de Staël,
» il veut l'épouser... elle refuse, ou du moins, elle met la
» condition de ne pas changer de nom... Il s'en pique ; déjà
» il ne l'aimait plus, et avait eu des liaisons avec Mme Talma
» (Julie) dont il a laissé un portrait si charmant. »

13.

» jours. Toutes ses affections s'étaient concentrées
» sur ce dernier de ses enfants ; la perte des deux
» premiers le lui avaient rendu plus cher. L'amour
» maternel avait remplacé en elle toutes les autres
» passions ; cependant, au milieu de ses anxiétés,
» de ses incertitudes, de son désespoir, jamais la
» religion ne se présenta à son esprit que comme
» une idée importune, et, pour ainsi dire, enne-
» mie. La mort du dernier fils de Julie fut la
» cause de la sienne, et le signal d'un dépérisse-
» ment aussi manifeste que rapide ; frappée en
» moins de trois ans d'un malheur du même
» genre, elle ne put résister à ces secousses dou-
» loureuses et multipliées. Elle revint à Paris,
» malade, et le jour même de son arrivée, tous
» les médecins en désespérèrent. Sa maladie dura
» environ trois mois.

» Enfin, le moment terrible arriva. Depuis
» plusieurs jours, son dépérissement s'était accru
» avec une rapidité accélérée ; mais il n'avait point
» influé sur la netteté, ni même sur l'originalité
» de ses idées. Sa maladie, qui quelquefois avait
» paru modifier son caractère, n'avait point eu le
» même empire sur son esprit. Deux heures avant
» de mourir, elle parlait avec intérêt sur les objets
» qui l'avaient occupée toute sa vie, et ses
» réflexions fortes et profondes sur l'avilissement
» de l'espèce humaine, quand le despotisme pèse
» sur elle, étaient entremêlées de plaisanteries

» piquantes sur les individus qui se sont le plus
» signalés dans cette carrière de dégradations. La
» mort vint mettre un terme à l'exercice de tant
» de facultés que n'avait pu affaiblir la souffrance
» physique. Dans son agonie même, Julie con-
» serva toute sa raison. Hors d'état de parler, elle
» indiquait par des gestes les secours qu'elle
» croyait encore possible de lui donner. Elle me
» serrait la main en signe de reconnaissance. Ce
» fut ainsi qu'elle expira (1). »

Julie Careau avait divorcé officiellement avec Talma, le 6 février 1801; elle avait été reconnue par son père, après son divorce, le 6 août de la même année. Voici les lignes qu'elle écrivait, au sujet de son divorce, à son amie Mme Fusil : « Nous avons été à la municipalité dans la même
» voiture, nous avons causé pendant tout le trajet
» de choses indifférentes, comme des gens qui
» iraient à la campagne; mon mari m'a donné la
» main pour descendre, nous nous sommes assis
» l'un à côté de l'autre, et nous avons signé comme
» si c'eût été un contrat ordinaire que nous eus-
» sions à passer.

» En nous quittant, il m'a accompagnée jusqu'à
» ma voiture : — J'espère, lui ai-je dit, que vous
» ne me priverez pas tout à fait de votre présence,

---

(1) Benjamin Constant, *Mélanges de littérature et de politique.*

» cela serait trop cruel ; vous reviendrez me voir
» quelquefois, n'est-ce pas ?

» — Certainement, a-t-il répondu d'un air em-
» barrassé, toujours avec un grand plaisir.

» J'étais pâle et ma voix était émue malgré tous
» les efforts que je faisais pour me contraindre.
» Enfin je suis rentrée chez moi et j'ai pu me
» livrer tout entière à ma douleur. Plains-moi, car
» je suis bien malheureuse ! »

Julie, au dire de tous ceux qui l'approchaient, semblait calme, mais on voyait qu'elle cachait sa blessure au fond de son cœur. Talma la voyait souvent, et sa présence était toujours un adoucissement à ses chagrins.

Après la mort du premier de ses fils, Mlle Contat l'emmena à sa campagne d'Ivry. Elle y demeura assez longtemps et paraissait reprendre un peu de calme quand son second fils tomba malade. Elle l'emmena en Suisse ; ce fut là qu'il mourut et qu'elle gagna sa maladie.

De retour à Paris, sa douleur s'était changée en une espèce d'anéantissement. Lorsqu'on cherchait à la distraire de cette cruelle rêverie : « Je pense
» à Félix, » disait-elle. — Une autre fois : « Je pense
» à Alexis. — Mais vous vous tuez. — Non ! cela
» me fait plaisir. »

Elle avait une conviction intime qu'elle devait bientôt rejoindre ses enfants. Talma la voyait aussi souvent qu'il pouvait. Un jour qu'elle paraissait plus tranquille, elle lui dit : Voulez-vous venir dîner avec moi, jeudi prochain, cela me fera plaisir ? — Jeudi, je ne puis, mais lundi pour sûr. — Eh! bien, à lundi! — Ils se quittèrent avec une sorte d'émotion. Il retourna plusieurs fois la tête pour lui dire adieu de la main. Fidèle à sa promesse, il revint le lundi. Julie avait cessé de vivre (1). Talma fut tellement frappé de cette mort si prompte, qu'il tomba dans une espèce de spleen. Il ne pouvait se dissimuler qu'il était la première cause de sa mort. Elle mourut en 1805. Avec elle disparaissait un esprit bien original et qui résume assez la fin de ce XVIIIe siècle fait tout de politique et de philosophie. Qui sait dans quelles proportions elle ne contribua pas à développer le génie de Talma !

« Pauvre Julie Talma ! écrivent aussi les frères
» de Goncourt. Vous aussi vous avez été délaissée.
» Que de chagrins depuis la Révolution ! Votre
» existence devenue le jouet des méchants et la
» proie du malheur ! Votre mariage contrarié, que
» le refus de bénédiction du curé de Saint-Sulpice
» fait presque un scandale ! Vos épousailles la risée
» sanglante des petits journaux ! Puis vos enfants,
» les deux beaux enfants qui vous sont nés, ju-
» meaux glorieusement baptisés, l'un *Charles IX*
» et l'autre *Henri VIII*, prédestinés à mourir!

(1) *Souvenirs d'une actrice*, Louise Fusil.

» (Ici MM. de Goncourt se trompent, ou ils veu-
» lent dire : baptisés par le public. La représenta-
» tion d'*Henri VIII* est bien postérieure à leur
» naissance.) Et Talma qui vous abandonne ! Ni
» la fortune que vous aviez apportée au comédien
» pauvre, ni les caresses de votre esprit, ni la
» douceur de vos causeries, ni votre imagination
» nourrie et vivant d'art, ni les colères maladroites
» de l'envie autour des joies de votre ménage,
» n'ont pu retenir près de vous celui qui vous
» devait le bonheur ; et ce talent que vous aviez
» deviné la première, que vous aviez encouragé
» avant tous, que vous aviez doté de vos qua-
» rante mille livres de rente, de votre amour, du
» crédit de vos amitiés — l'ingrat ! — déjà bien
» séparé de vous, et s'en éloignant à mesure qu'il
» grandit dans le public, il va falloir, vous voyez
» déjà le triste jour où il faudra que vous l'aban-
» donniez à une autre, à une rivale, à Mme Petit. »

Pour nous, nous ne trouverons qu'une excuse dans l'acte d'ingratitude de Talma, excuse bien légère, mais que nous mentionnerons cependant : la licence des institutions et des mœurs du Directoire. Le divorce nouvellement établi semblait alors chose toute naturelle. On s'accouplait légalement, mais on se séparait avec la même facilité. La femme allait de main en main « dénouant,
» renouant et redénouant sa ceinture ». Le mari faisait de même, le mariage n'était plus qu'un

bail — résiliable; — on va même jusqu'à divorcer pour un voyage de six mois ! Regardez autour de Talma : Mme Tallien, épouse divorcée ; Mme Petit, épouse divorcée. Nous vous faisons grâce des autres. Toutes les classes sont en proie au divorce : on divorce du haut en bas de l'échelle sociale. C'est une mode. On voit des ci-devant comtesses divorcer pour se marier avec leurs anciens domestiques. Les soldats se marient en convenant d'avance qu'ils divorceront la veille de leur départ. Talma, lui, eut la pudeur de ne pas divorcer de suite. Et voilà pourquoi il lui semblait tout naturel, sans doute, environné de tant d'exemples, de laisser là l'infortunée Julie.

Comme nous ne retrouverons plus son nom dans cette étude, à partir du moment où elle se sépare à l'amiable de son mari, nous avons voulu de suite raconter en peu de lignes ses dernières années, si tristes et si lamentables. De cette façon nous n'aurons plus à y revenir. Constatons seulement, en lui donnant un dernier adieu, que chez cette femme véritablement extraordinaire l'amour maternel avait largement effacé toutes les faiblesses du passé.

XXX

BONAPARTE ACHÈTE L'HOTEL DE TALMA

Par suite de la séparation entre Talma et sa femme, séparation devenue définitive soit à la fin de 1795, soit dans les premiers mois de 1796, le petit hôtel de la rue Chantereine, à présent vide et abandonné, restait à vendre. Il aurait rappelé à l'un ou à l'autre des époux trop de douloureux souvenirs. Or, coïncidence au moins étrange, le nouvel acquéreur ne sera autre que « Napoleone » Buonaparte ». Expliquons-nous, car une légère erreur s'est glissée dans les différentes histoires qui traitent de ce sujet.

Les uns disent que Bonaparte acheta la maison de Talma. Les autres affirment que ce fut Joséphine et non Bonaparte qui acheta la maison de Mme Talma. D'autres, enfin, que Joséphine demeurait rue de l'Université, et que ce ne fut que beaucoup plus tard, en novembre 1796, qu'elle alla habiter rue Chantereine. Selon notre habitude de ne rien avancer sans savoir, nous avons voulu préciser.

La maison de Mme Talma, et non de Talma, était à vendre. Ce fut Joséphine qui l'acheta. Cette vente fut faite en 1796; mais comme l'acte ne fut enregistré que bien plus tard, le 31 mai 1798, on spécifia, mais alors seulement, que l'acquéreur était : « Napoleone Buonaparte, président de la » légation française au congrès de Rastadt. La sus- » dite maison appartenant à la citoyenne Talma. » Enfin, lorsque Bonaparte se maria avec Joséphine le 9 mars 1796, il est dit dans l'acte que Bonaparte demeure rue d'Antin n° 1, et que sa femme demeure rue Chantereine. Ce qui prouve bien d'une façon péremptoire que c'était Joséphine et non Bonaparte qui avait acheté l'hôtel de Mme Talma, et qu'elle y était déjà installée à l'époque de son mariage, au mois de mars 1796.

Nous allons voir maintenant comment et pour quelles raisons elle avait acheté cet hôtel qui allait bientôt devenir si célèbre par suite de l'incroyable renommée de son illustre propriétaire. Après le 13 vendémiaire, Bonaparte s'était vu successivement nommer général de division, puis général en chef de l'armée de l'intérieur. En cette qualité, il s'était installé au quartier général, rue Neuve-des-Capucines, dans l'hôtel où furent placées plus tard les archives du ministère des affaires étrangères. Il mène bon train, et donne des déjeuners où les

Conventionnels coudoient les généraux, et d'où les femmes ne sont point exclues. Mme Tallien en fait un des plus gracieux ornements. Je doute que Mme de Beauharnais ait déjeuné alors chez le général Bonaparte ; et cependant cela n'aurait rien d'impossible, Mme Tallien et Joséphine ne se séparant presque jamais. Dorat, parlant d'elles d'eux et de Mme Visconti, ne craint pas de les appeler les trois grâces.

Mme Tallien, outre sa *chaumière* des Champs-Élysées, avait un hôtel rue Chantereine ; c'est même là, s'il faut en croire Ouvrard, et non à la Chaumière, que Bonaparte connut Joséphine. « Ce fut
» quelque temps avant le 13 vendémiaire que
» Bonaparte fut présenté chez Mme Tallien. Il était
» peut-être de tous ceux qu'elle recevait le moins
» en évidence, et le moins favorisé de la fortune.
» J'étais loin de prévoir alors qu'il tiendrait un jour
» dans ses mains les destinées du monde. Les
» affaires politiques étaient l'aliment habituel des
» conversations, mais elles ne les remplissaient
» pas exclusivement. Souvent, au milieu des dis-
» cussions les plus animées, il se formait dans le
» salon de petits comités, où l'on oubliait, dans
» des entretiens frivoles, les graves intérêts dont
» on était trop souvent occupé. Bonaparte s'y
» mêlait rarement ; mais lorsqu'il y prenait part,
» c'était avec une sorte d'abandon ; il montrait
» alors une gaieté pleine de vivacité et de saillies.

» Ce ne fut que plus tard que Mme Tallien habita
» sa demeure féerique de la rue de Babylone. »

Joséphine ne pouvait demeurer loin de son amie. Redevenue, grâce à Tallien, maîtresse d'une partie de sa fortune, elle cherchait une demeure convenable dans le quartier de la Chaussée-d'Antin. La maison de Talma était à vendre, « elle l'acheta » 180,000 francs, » nous dit Lefeuve dans son histoire de *Paris rue par rue*; « 40,000 francs, » nous dit Michaud dans sa *Biographie universelle*. Il est vrai que ce dernier ajoute « qu'il y fut dépensé » 120.000 francs pour les meubles ».

Le quartier du Mont-Blanc et la rue Chantereine n'étaient-ils pas toujours le rendez-vous de toutes les élégances mondaines et demi-mondaines du Directoire? N'était-ce pas rue Chantereine que la Dervieux — tout à l'heure emprisonnée à St-Lazare avec le poète Boucher, — recevait dans son salon rond, entre sa chambre à coucher et son *boudoir sous la clef*? N'était-ce pas dans cette miniature d'hôtel que la célèbre courtisane se plaisait à faire visiter à ses amis sa salle de bain à décorations étrusques, sa salle à manger à arabesques d'argent, à figures peintes, où l'acajou et le citronnier se mariaient, précieusement travaillés (1)? Enfin, à deux pas de cette demeure, au n° 7 de la rue du Mont-Blanc (Chaussée-d'Antin), n'êtes vous pas chez la femme

---

(1) *Plan, coupe et élévation des plus belles maisons*, an IX.

qui, avec Mme Tallien, mène la grâce et le goût ? Entrez dans cette demeure où tout est acajou, jusqu'au bois des fenêtres. Entre deux cygnes de bronze doré, sur un lit drapé de soie chamois, ornementé d'or, sous des rideaux de soie violette ornementés de noir, entre une statue de marbre et un candélabre de bronze, éclairée par une lampe antique en or, une femme est mollement étendue, et cette femme n'est autre que la belle Mme Récamier.

Bonaparte fut reçu chez Mme de Beauharnais comme il avait été reçu chez Tallien. Il rencontra dans ce salon les Montesquiou et le comte de Ségur, l'ex-ambassadeur de Louis XVI à la cour de la grande Catherine, et son futur grand maître de cérémonies. Mais il est à croire que le « Corse » aux cheveux plats », que l'on appelait plaisamment « le général Vendémiaire », y faisait encore assez bonne figure, puisqu'il revint dans cette brillante société, avec assiduité, avec l'assiduité d'un amoureux, à vrai dire, et qu'il ne craignit pas un jour de poser sa candidature à la main de la maîtresse de la maison.

M. Imbert de Saint-Amand a fort bien raconté par le menu toute cette histoire du mariage de Bonaparte dans son livre *La jeunesse de l'Impératrice Joséphine*. Bonaparte aimait Joséphine, mais il l'aimait tout à la fois par entraînement et par calcul. Il sentait que ce mariage était une fusion,

fusion entre la société du faubourg Saint-Germain et la démocratie nouvelle.

« Pour bien comprendre Napoléon, lisons-nous
» dans cet intéressant ouvrage, il faut toujours le
» regarder dans sa double face, d'un côté démo-
» crate, de l'autre aristocrate, changeant de phy-
» sionomie suivant les circonstances. Son rôle,
» dans la journée de Vendémiaire, a été de la dé-
» mocratie. Son mariage avec Joséphine sera de
» l'aristocratie. »

Quant à Joséphine, elle n'aimait peut-être pas encore Bonaparte, mais elle l'admirait et se sentait subjuguée. Napoléon n'en demandait pas davantage. Les amis de Joséphine, le comte de Ségur et Lemercier, l'auteur dramatique, vainquirent ses derniers scrupules. Enfin Barras, qui s'intéressait à Joséphine, ajouta dans la corbeille de mariage un tout petit cadeau qui décida du reste. Ce présent de noce, c'était pour Bonaparte le commandement en chef de l'armée d'Italie.

Ainsi cette petite maison de la rue Chantereine, d'où nous venons de voir sortir deux époux mécontents et dos à dos, la voici redevenue un nouveau nid d'amour. Après avoir abrité les amours de Talma, elle donnera asile aux amours de Bonaparte ! C'est là qu'il sera accordé au jeune général d'aimer deux jours ; deux jours ! pas davantage. Son cheval hennit déjà d'impatience dans la cour, et l'on croit entendre au lointain comme un murmure confus : c'est le roulement des tambours du futur vainqueur d'Arcole et de Lodi!

Joséphine, en se mariant, usa d'un petit subterfuge que nous avons déjà vu employé par Julie, lors de son mariage avec Talma : elle se rajeunit. Bonaparte n'y regarda pas de si près. Il était pressé de se marier d'abord, et de partir pour l'Italie ensuite. Il n'en demandait pas davantage. Le mariage fut purement civil. Barras et Tallien y assistèrent, à titre de témoins, et Bonaparte put consacrer son bonheur dans la chambre où naguère le tragédien Talma avait maudit son union. Deux jours après, le 11 mars, le général était en route pour rejoindre son armée, laissant sa femme rue Chantereine.

XXXI

MADAME PETIT-VANHOVE.

Que devenaient pendant ce temps Talma et le théâtre de la République ? Séparé de Julie, Talma alla d'abord s'installer rue de la Loi, à deux pas de son théâtre, dont il s'occupait toujours avec le soin jaloux qu'il ne cessa de prendre jusqu'à la fin de sa carrière pour tout ce qui avait trait à son art. Et puis, nous l'avons vu plus haut, une violente passion le domine, et cette passion, c'est son amour sans bornes pour Mme Petit-Vanhove, de la personnalité de laquelle nous avons promis de nous occuper. Les renseignements sur Mme Petit-Vanhove ne manquent pas, pour cette raison qu'elle-même s'est chargée de nous les fournir dans le volume qu'elle publia plus tard (1836) sous le titre : *Etudes sur l'art théâtral*. Mlle Caroline Vanhove, née à La Haye le 10 septembre 1771, était fille du tragédien Vanhove, qui joua pendant vingt-six ans les pères nobles au Théâtre-Français, celui que

Bouilly appelait « le vieux Vanhove, si paternel et
« si vrai ». La jeune Caroline, « enfant de la balle »
suivant l'expression populaire, débuta sur la scène
de la Comédie Française, le 8 octobre 1785, c'est-
à-dire à peine agée de quatorze ans, dans le rôle
d'Iphigénie de Racine. Sa réussite fut complète
dès le premier soir. « J'avais un physique frêle et
» délicat, nous dit-elle, parce que j'étais encore un
» enfant; ma physionomie était, disait-on, intéres-
» sante : mais ce que l'on m'accordait surtout,
» c'était un organe flatteur et beaucoup de sensi-
» bilité. » Mariée bien jeune encore, le 8 août
1786, à un musicien de l'orchestre, un nommé
Petit, qui s'était épris d'elle, Mlle Vanhove devint
Mme Petit-Vanhove. Restée au Théâtre-Français,
nous avons raconté précédemment comment elle
avait été arrêtée avec ses camarades, incarcérée à
Sainte-Pélagie, et enfin comment, rendue à la liberté, elle avait débuté au théâtre de la République. Nous n'y reviendrons pas. C'est à partir de
cette époque que Talma, se trouvant en relations
quotidiennes avec la charmante Mme Petit, en
devint éperdument amoureux, au point d'en oublier tous ses devoirs conjugaux.

D'autre part, Mme Petit n'était pas insensible
à cet amour; elle avait divorcé, il est vrai, avec
son mari, le 26 avril 1794, et par conséquent était
redevenue libre; mais lui, Talma, ne l'était pas,
et cette considération faisait hésiter Mme Petit

avant de se déclarer à son tour. Ecoutons maintenant l'intéressée elle-même : « Cependant Talma,
» vivement épris de la jeune actrice, voulait fran-
» chir tous les obstacles qui s'opposaient à leur
» union ; il fallait donc rompre son mariage par
» un divorce, et la jeune actrice s'y opposait avec
» une invincible détermination. Talma, peu disposé
» à prendre les conseils de la raison, ne voulait
» rien entendre : sa passion était, à son avis, une
» réponse à tout argument. Enfin, celle qu'il
» aimait, voulant assurer son repos, obtint un
» congé, fut quelques mois absente, et toute rela-
» tion avec Talma fut rompue.

» Elle revint, mais sans avoir changé de résolu-
» tion, et tout espoir de rapprochement paraissait
» impossible, lorsqu'une circonstance extraordi-
» naire réunit deux êtres dont la destinée ne pou-
» vait plus être séparée.

» Dans une pièce de Collot-d'Herbois, où
» l'héroïne doit être enlevée, l'acteur chargé du
» fardeau fit malheureusement un faux pas, alla
» tomber rudement dans la coulisse; et non seu-
» lement il écrasait la pauvre actrice, mais il arriva
» qu'une grosse épingle entra, de toute sa lon-
» gueur, dans la poitrine de celle qu'il abîmait de
» son poids. L'accident était affreux ; on porta la
» malheureuse femme dans sa loge.

» Les médecins, les chirurgiens, s'empressèrent
» autour d'elle : tout le théâtre était en rumeur,

» car cette actrice était aimée de ses camarades.
» D'après l'avis des médecins, la plaie ne saignait
» point assez : « Il faut sucer la plaie, dit l'un d'eux
» en élevant la voix; c'est le seul moyen d'écarter
» le danger. Allons ! ne tardons pas... Talma !
» vous n'y répugnez point, je pense ? il faut la
» sauver.

» Talma, en rougissant, fut le sauveur, et il
» acquit ainsi des droits imprescriptibles au cœur
» et à la main de celle qu'il aimait. »

XXXII

ENCORE LA POLITIQUE.

La journée du 13 vendémiaire avait fait disparaître à jamais ce fameux *Réveil du peuple* (1), mais il fallait en échange que la musique exécutât chaque soir dans le théâtre des airs patriotiques (2). Ces airs, passés dès lors un peu à l'état de rengaîne, tant on les avait entendus, ne plaisaient pas à tout le monde. Pour certains mêmes ils rappelaient de tristes souvenirs. Un soir, au théâtre Feydeau, l'on siffla; le ministre de la police, Merlin de Douai, prit sa plume, et écrivit au général en chef de l'armée de l'intérieur.

---

(1) « Il est expressément défendu de chanter, laisser ou faire
» chanter l'air homicide dit : *le Réveil du Peuple.* » Arrêté du 18 nivôse an IV (4 janvier 1796).

(2) « Tous les directeurs, entrepreneurs et propriétaires
» des spectacles de Paris sont tenus, sous leur responsabilité
» individuelle, de faire jouer chaque jour, par leur orchestre,

« Paris, le 20 nivôse an IV.

» Je suis informé, général, qu'hier, au théâtre de
» la rue Feydeau, les airs chéris des Républicains
» n'ont été accueillis que par des huées. Que
» devient donc l'arrêté du directoire exécutif qui
» enjoint à tous les entrepreneurs et propriétaires
» des spectacles de Paris de les faire jouer chaque
» jour avant le lever de la toile? Je vous charge
» de vous tenir prêt à faire arrêter sur-le-champ,
» et en flagrant délit, tous ceux qui contrevien-
» draient à l'arrêté du directoire exécutif, et je
» compte, à cet égard, sur votre zèle et sur votre
» fermeté.

» MERLIN. »

Mais la lettre du citoyen Merlin ne pouvait pas
empêcher la nouvelle tendance de l'esprit public
à siffler aujourd'hui ce qu'il'applaudissait hier.

Cette fois on voulait rendre les comédiens français responsables de ces dispositions hostiles au

---

» avant la levée de la toile, les airs chéris des Républicains,
» tels que :
   » *La Marseillaise*,
   » *Çà ira*,
   » *Veillons au salut de l'Empire*,
   » *Le Chant du départ*.
» Dans l'intervalle des deux pièces on chantera tou-
» jours l'hymme des Marseillais, ou quelque autre chant
» patriotique. » Arrêté du 18 nivôse an IV (4 janvier 1796).

gouvernement, et un arrêté du 18 ventôse ordonna du même coup la fermeture « d'un club d'anar-
» chistes, d'une taverne, d'une maison de jeu,
» d'un cabaret, de l'église St-André et du théâtre
» de la rue Feydeau ». Malgré toutes sortes de réclamations, la clôture dura plus d'un mois.

Le théâtre de la République, lui, tenait toujours bon. Mais les pièces y sont peu remarquables, et les créations mêmes de Talma en ces années 1795 et 1796 sont assez rares. Arnault, à son retour de Marseille, où il avait rencontré Bonaparte se rendant à l'armée d'Italie, donna sa pièce d'*Oscar* à ce théâtre. Talma était chargé du rôle d'Oscar. « Jamais acteur, nous dit Arnault, n'entra plus
» intimement dans les intentions de l'auteur ;
» jamais il ne se pénétra mieux de l'esprit d'un
» rôle : jamais il n'en développa plus habilement
» tous les sentiments. Dans aucun rôle il ne s'est
» montré plus pathétique et plus terrible que dans
» celui d'Oscar, qu'il jouait d'ailleurs avec une
» admirable simplicité. »

La pièce fut envoyée à Bonaparte, au delà des Alpes, avec cette suscription :

> Toi, dont la jeunesse occupée
> Aux jeux d'Apollon et de Mars,
> Comme le premier des Césars
> Manie et la plume et l'épée ;
> Qui peut-être au milieu des camps
> Rédiges d'immortels mémoires,

Dérobe-leur quelques instants,
Et trouve, s'il se peut, le temps
De me lire entre deux victoires.

Les trois premiers actes de cet ouvrage furent assez favorablement accueillis, mais le dénouement fut si mal reçu du public que l'auteur le changea entièrement. Sans être une des meilleures pièces d'Arnault, elle reste encore classée parmi les bonnes. C'était le temps des assignats : après dix ou douze représentations, Arnault passe au théâtre pour toucher ses droits d'auteur — la Société des auteurs n'existait pas encore. — Le caissier lui remet treize ou quatorze cent mille francs d'assignats. « La France est plus pauvre que jamais, dit
» Arnault à sa mère en rentrant au logis. — Et
» pourquoi, mon ami? demande la brave femme.
» — C'est que me voilà millionnaire. » Les assignats échangés le lendemain produisirent sept cents et quelques francs.

Nous avons dit que Talma se désintéressait de plus en plus de la politique, à laquelle il avait surtout tenu par les relations de sa première femme. La dernière excursion faite par Talma sur ce domaine remonte au 13 mai 1795. La chose en elle-même n'a aucun intérêt au point de vue dramatique. Nous ne la rapportons que parce que la citation est courte, et qu'elle donne un échantillon du style de Talma, homme politique. Or donc, le 13 mai 1795, Talma, orateur d'une députation de

la section du Mont-Blanc à la Convention, demande le rapport de l'article IV de la loi du 12 floréal. « Cet article, dit-il, viole la liberté de penser et
» d'écrire, en ordonnant de poursuivre, par les
» tribunaux criminels, ceux qui, par des écrits ou
» des discours séditieux, tenteraient d'avilir la
» représentation nationale ou provoqueraient la
» royauté. Ce sont ces expression vagues, dont il
» est impossible de bien saisir le sens et de faire
» une application juste, qui ont servi de protocole
» aux assassinats juridiques commis par le tribunal
» de Robespierre ; c'est à la faveur de ce langage
» insignifiant, de ce texte vague d'une loi préexis-
» tante, que des milliers d'innocents ont été traînés
» à l'échafaud. Vous n'oublierez pas, citoyens, les
» services rendus à la liberté elle-même par celle
» de la presse ; c'est elle qui a fait la Révolution,
» c'est elle qui la soutiendra. C'est sa compres-
» sion qui a favorisé l'usurpation de Robespierre ;
» c'est sa liberté qui a dévoilé les horreurs de son
» règne, qui a signalé ses complices, qui a rap-
» pelé dans votre sein de vertueux proscrits. On
» craint l'avilissement de la représentation natio-
» nale : non, vous ne serez jamais avilis, on ne peut
» l'être que par ses propres actions. Votre crédit
» repose sur la moralité de chacun de vous. Bravez
» la calomnie, triomphez de la défiance, soyez
» justes, faites le bien, et l'amour du peuple ne lais-
» sera pas ensevelir dans l'oubli les droits que vous

» vous êtes éternellement acquis à la reconnais-
» sance du peuple français (1). »

Talma défenseur de la liberté de la presse à la Convention, voilà une surprise nouvelle à laquelle vous ne vous attendiez pas! Rappelons comme mémoire qu'on appelait quartier du Mont-Blanc le quartier situé à droite de la Chaussée-d'Antin. Il existe encore aujourd'hui des bains du Mont-Blanc, rue Saint-Lazare, comme il existe des bains Chantereine, rue de la Victoire. Il paraît que les souvenirs de nos vieux quartiers vont se réfugier dans les établissements de bains.

(1) *Moniteur* du 14 mai 1795.

XXXIII

LES TROIS THÉATRES FRANÇAIS

Il régnait, en cette année 1796, comme un découragement général; aussi bien au théâtre de la République qu'au théâtre Feydeau, peu ou point d'ouvrages nouveaux. Cela se comprenait un peu de la part des artistes du théâtre Feydeau, jadis emprisonnés sous la Terreur, et à présent condamnés à faire relâche un mois entier, soit parce que l'on sifflait dans la salle les airs patriotiques joués par ordre, soit parce que les ouvreuses disaient *Monsieur* au lieu de *Citoyen* aux spectateurs un peu trop patriotes. D'un autre côté, les artistes du théâtre de la République avaient contracté des dettes par suite de la rigueur des circonstances, et se trouvaient impuissants à les rembourser, malgré tous leurs efforts. Le feu, fût-il sacré, a besoin d'être ravivé de temps à autre par un aliment quelconque. Or l'aliment faisait défaut, nous voulons parler de la recette.

C'est alors que Mlle Raucourt conçut la première l'idée d'une fusion générale : Théâtre Feydeau, théâtre de la République, théâtre Louvois. Elle écrivit une lettre fort sensée à ses anciens camarades, elle laissa entrevoir la possibilité d'une restauration complète de l'ancien Théâtre-Français, elle parla d'indépendance dans l'art. Enfin elle poussa le zèle jusqu'à laisser dans son théâtre des loges d'artistes inoccupées avec les noms de Fleury, de Talma, de Dazincourt et de Dugazon sur les portes. Mais les artistes du théâtre Feydeau et du théâtre de la République furent sourds à cet appel, et le théâtre Louvois en fut réduit à faire son ouverture le 5 août sans le concours des comédiens que nous venons de citer.

La troupe avait pour chefs d'emploi Mlles Raucourt, Joly, Mézeray, MM. Larive, Saint-Prix, Saint-Fal. Picard, l'auteur de tant de charmants ouvrages, y débuta comme comédien. Car, notons-le en passant, beaucoup d'artistes de ce temps étaient en même temps des auteurs dramatiques d'une certaine valeur, comme Picard, Duval, Monvel; Dugazon même avait donné des pièces. Parmi les femmes, Mlle Candeille ne se piquait-elle pas de littérature ?

Mme Petit-Vanhove, à qui s'intéressait tant Talma à cette époque, remporta, le 6 nivôse, un éclatant succès dans *la Jeunesse du duc de Richelieu*.

La pièce était de deux comédiens du théâtre de

la République. J'ai nommé Duval et Monvel. Mme Petit-Vanhove y produisit un tel effet dans le rôle déchirant de Mme Michelin, nous disent les contemporains, que le public craignît que cette explosion de sensibilité n'altérât sa santé. Talma devait être content de sa protégée.

La concurrence continuait de plus belle entre les trois théâtres, et chacun d'eux tenait à honneur d'être le véritable dépositaire des chefs-d'œuvre français. Mais le théâtre Feydeau passait quand même pour le véritable Théâtre-Français. Molé en était le doyen, et une descendante du grand Corneille s'étant trouvée dans l'infortune, ce fut le théâtre Feydeau qui fît revivre spontanément les droits d'auteur sur *le Festin de Pierre*, mis en vers par Thomas Corneille, et sur *le Menteur*, pour venir en aide à la petite nièce du grand homme.

Au théâtre de la République, la reine du jour était Mme Petit-Vanhove, qui entassait succès sur succès. Redemandée après la première représentation du *Mari jaloux*, de Desforges, elle fut acclamée par la salle entière. Talma, de son côté, un peu dans l'ombre depuis une année, cherchait un rôle antique fait à sa taille, où son talent pût se révéler sous son vrai jour. Il crut avoir trouvé l'occasion de se montrer dans un rôle semblable, dans *Junius* ou *le Proscrit*, dont la première représentation eut lieu le 14 germinal an V (3 avril 1797). Il se passa à propos de cette pièce un fait assez étrange. Le bruit s'étant répandu, avant la première représentation, que la tragédie qu'on allait jouer était de Chénier, plusieurs cabaleurs, qui ne partageaient pas les idées politiques du poète, résolurent de siffler l'ouvrage. La pièce était de Monvel. La direction, ayant appris cette résolution, fit écrire à la main sur les affiches : « Le public » est prévenu que la tragédie de *Junius* n'est pas » de Chénier. » La précaution était sage. Malgré cela la pièce ne réussit que médiocrement. Au moment où Junius lève le poignard sur sa fille, Talma fut si terrible que la salle poussa un cri d'effroi! paraît-il. Malheureusement on ne pouvait pardonner à l'auteur ni un style insuffisant, ni des tirades à dormir debout. Ce fut là la vraie cause du peu de succès de *Junius*.

Ce n'était pas de la faute de Talma, assurément. Il lui fallait une revanche, et cette revanche il l'eut bientôt, éclatante, aux côtés de Mme Petit-Vanhove, dans le rôle repoussant d'Égisthe, dans l'*Agamemnon* de Lemercier. « *Agamemnon*, disent » Étienne et Martainville, est, selon nous, la plus » belle tragédie qu'on ait donnée depuis trente » ans. » L'auteur avait à peine 25 ans. Talma fut au-dessus de tout éloge, et Mme Petit-Vanhove mit une telle teinte mystique dans le rôle de Cassandre, qu'elle satisfit les plus délicats. Cette mémorable représentation eut lieu le 24 avril 1797.

C'est que Talma n'était plus alors le petit

amoureux ne rêvant que rôles tendres et passionnés; ce n'était même plus le tragédien de *Charles IX* à qui l'on reprochait sa monotonie et son manque de nuances; ce n'était plus ce personnage maigre et le teint safrané que nous dépeignait le *Censeur dramatique*. Non, aujourd'hui Talma est absolument maître de lui et de ses effets. « Sur
» sa face pâle, d'un beau dessin, écrivent les
» frères de Goncourt, sur sa face vivante par les
» yeux roule le tumulte des passions humaines.
» Un geste grand, simple, noble, épique, un geste
» de marbre, de belles attitudes, dissimulent
» l'homme dans l'acteur..... Puis, par-dessus
» tout, un jeu concentré, ou l'âme ne s'éparpille
» pas, un jeu tourné vers la perfection mimique,
» un jeu retenu, bridé, accentuant d'éclairs soudains la pensée du poëte, et tout déchaîné sur
» les *mots de valeur*.
» Talma, c'est cette haute intelligence de la
» tragédie forte, sombre, terrible; c'est le travail,
» le soin, la suite dans le rôle, le génie gagné à
» force de talent, l'art montant souvent au sublime. »

Quelques jours après la représentation d'*Agamemnon*, un incident fit grand bruit dans le monde dramatique: Molé, le doyen du Théâtre-Français, quittait ses camarades et la salle Feydeau, et rejoignait la troupe de Mlle Raucourt au théâtre Louvois. Il ne devait pas y rester longtemps.

Nous avons vu déjà maintes fois combien il était peu commode, dans ces temps difficiles, de vivre en paix avec l'autorité. La troupe de Mlle Raucourt l'apprit bientôt à ses dépens. Le 17 thermidor on donnait au théâtre Louvois *Les trois frères rivaux*. Dans cette pièce le valet s'appelle Merlin. C'était le nom du ministre de la justice.

— Monsieur Merlin, dit un personnage de la pièce en s'adressant au valet, monsieur Merlin, vous êtes un coquin.

Les applaudissements éclatent de toutes parts.

— Monsieur Merlin, continue l'acteur en scène, vous finirez par être pendu.

Cette fois, c'est du délire ; le public parisien, qui a toujours aimé fronder l'autorité, quelle qu'elle fût, ne se connaît plus de joie. On crie, on hurle, on trépigne.

Les comédiens comprirent la faute qu'ils avaient commise en mettant en scène un fripon du nom de *Merlin*. C'était trop tard. Le ministre de la justice ne l'entendit pas de cette oreille. Quelques jours après ce petit scandale eut lieu la célèbre journée du 18 fructidor. Merlin en profita pour obtenir un arrêté du Directoire contre les comédiens du théâtre Louvois et ordonna sa clôture immédiate (24 fructidor). Tous les louables efforts de Mlle Raucourt pour rendre à l'art français son ancienne splendeur étaient brisés d'un coup par le résultat d'une maladresse.

XXXIV

LA COMÉDIE A L'ARMÉE D'ITALIE

Parti de son petit hôtel de la rue Chantereine deux jours après son mariage avec Joséphine, le jeune Bonaparte avait rejoint l'armée d'Italie et volait de victoire en victoire. Il n'était plus question dans toute l'Europe que de son nom. Joséphine, restée à Paris, était toujours l'inséparable de Mme Tallien. « A Barras, Sucy, Mme Tallien, amitié sincère, » écrit Bonaparte à sa femme ; à Mme Château-» Renard, civilités d'usage ; à Eugène, à Hortense, » amour vrai. »

Le poète Arnault est reçu chez Mme Bonaparte comme chez Mme Tallien ; ces deux dames le présentent au directeur Barras. Il les accompagne au spectacle ; un soir il se trouve en leur compagnie à la première représentation du *Télémaque* de Lesueur au théâtre Feydeau, où l'on chantait aussi l'opéra-comique. « Ce n'était pas sans quelque » orgueil, dit Arnault, que je me voyais entre les

» deux femmes les plus remarquables de l'époque ;
» ce n'est même pas sans quelque plaisir que je
» me le rappelle ; sentiments naturels dans un
» jeune homme passionné pour la beauté et pour
» la gloire. Ce n'est pas Tallien que j'aurais aimé
» dans sa femme, mais c'est bien sûrement Bona-
» parte que j'admirais dans la sienne. »

Cependant le pauvre Bonaparte, qui n'a toujours eu que deux jours pour filer le parfait amour avec sa femme, écrit lettre sur lettre et s'impatiente. Il est entré en vainqueur à Milan, mais ce triomphe ne lui suffit pas ; il lui faut près de lui Joséphine.

Sa correspondance respire la plus vive passion. Joséphine, aimable mais indolente, était, comme l'a dit Marmont, « plus occupée de jouir des triomphes
» de son mari au milieu de Paris que de venir le
» rejoindre. » Elle trônait en reine dans le palais du Directoire, elle courait les théâtres et les fêtes, et ne recevait sur son passage que compliments et louanges pour les éclatantes victoires de son mari. Mais Bonaparte n'admet guère qu'on lui résiste. Bonaparte est amoureux ; il est aussi jaloux. « S'il
» était vrai, pourtant ! écrit-il à sa femme. Crains
» le poignard d'Othello ! » Et Joséphine, un peu étonnée d'une passion si brûlante qu'elle ne comprenait guère, disait en souriant avec son accent créole : « Il est drôle, Bonaparte. »

Joséphine partit pour Milan vers la fin de juin

1796. « Son chagrin fut extrême quand elle vit qu'il
» n'y avait pas moyen de reculer, dit Arnault.
» Pensant plus à ce qu'elle allait quitter qu'à ce
» qu'elle allait trouver, elle aurait donné le palais
» préparé à Milan pour la recevoir, elle aurait
» donné tous les palais du monde pour sa maison
» de la rue Chantereine, pour la petite maison
» qu'elle venait d'acheter à Talma... C'est du
» Luxembourg qu'elle partit pour l'Italie, après y
» avoir soupé avec quelques amis, au nombre des-
» quels je me trouvai... Pauvre femme ! Elle
» fondait en larmes, elle sanglotait comme si elle
» allait au supplice ; elle allait régner. »

Le lecteur nous pardonnera facilement cette digression ; les petits côtés de l'histoire sont toujours si intéressants qu'on ne peut guère s'empêcher de reproduire quelques détails de ce genre, lorsqu'on a le bonheur de les trouver sur son chemin.

Bonaparte, le vainqueur d'Italie, a-t-il dans ses préoccupations guerrières oublié le théâtre, ses pompes et ses œuvres ? J'en doute fort. Il fait d'abord célébrer son entrée à Milan par un grand concert donné au théâtre de la Scala, éclairé à *giorno* pour la circonstance. Bonaparte n'est pas un soudard ni un reître. Son esprit n'est pas fermé aux choses littéraires ; n'écrit-il pas à sa femme, en date du 18 juillet : « J'ai été dans le village de Virgile,
» sur les bords du lac, au clair argentin de la

» lune, et pas un instant sans songer à Joséphine. »
Et la même lettre commence par : « J'ai passé
» toute la nuit sous les armes. » Nous dirons
plus loin comment Napoléon jugeait le théâtre et
la tragédie. Mais nous voulons dès à présent affirmer que ce génie ne cessa jamais, au milieu des
événements les plus graves, de s'occuper de choses
artistiques et littéraires. Ne le verrons-nous pas
dater de Moscou le décret qui réglemente encore
aujourd'hui la Comédie-Française ? « Rien en fait
» de littérature ne lui semblait assez élevé, assez
» idéal, écrit M. Imbert de Saint-Amand dans son
» ouvrage *la Citoyenne Bonaparte*. Toute son
» enfance s'était passée dans les méditations
» ardentes sur les poëtes et les grands hommes.
» Il s'était également occupé d'Homère et
» d'Alexandre, de Virgile et de César. Élève de
» Plutarque et de Jean-Jacques Rousseau, il
» appartenait à l'école spiritualiste, et il avait le
» goût de tout ce qui était grand, de tout ce qui
» était beau. Il aima l'amour comme il aima la
» gloire : éperdument. » N'est-ce pas lui enfin qui
écrivit à Sainte-Hélène cette phrase : « L'imagi-
» nation gouverne le monde. » Comment un tel
homme pouvait-il ne pas aimer le théâtre ?

Il était difficile de jouer la comédie au bruit du
canon d'Arcole. Il se passait dans les plaines de la
Lombardie une bien autre tragédie que celles que
l'on voit sur la scène. Mais une fois l'armée ren-

trée à Milan, les représentations théâtrales s'y succèdent avec un éclat inaccoutumé. La célèbre chanteuse Grassini se désespère de ne pouvoir attirer sur elle les regards du général, c'est elle qui l'avouera plus tard, et les officiers français se pressent dans les loges des dames milanaises à qui ils font leur cour. Le parterre est rempli d'uniformes, dont l'or et les broderies resplendissent sous le lustre.

Vers le milieu de septembre 1797, Bonaparte eut un moment de repos. Il s'installa avec sa femme dans le Frioul, au château de Passeriano, à quatre lieues d'Udine. Allard, que nous avons déjà rencontré dans le salon de Talma, était venu en Italie, où Haller l'employait comme agent militaire. Possédé de la manie de déclamer, il résolut de jouer la tragédie. Avec le concours de quelques amateurs dévoués, il annonça la prochaine représentation de *la Mort de César*, sur le grand théâtre d'Udine.

Tout ce qu'il y avait d'officiers et d'employés français dans la ville et aux environs se fit un devoir d'assister à cette représentation, que les négociateurs voulurent aussi honorer de leur présence. Le général en chef et sa femme vinrent à cet effet dîner à Udine, chez le marquis de Gallo. « On pense bien, dit Arnault qui se trouvait aussi » en Italie, que je ne manquai pas à une si bonne » fête. Peu de représentations dramatiques m'ont

» fait autant de plaisir : ce plaisir n'était pas, à
» la vérité, tout à fait celui qu'on attend d'une
» tragédie, mais il n'en était pas moins vif pour
» cela. Excepté Allard, ou César, qui était de
» Paris, pas un personnage de la pièce qui n'eût
» un accent à lui propre : chaque province de
» France avait son représentant à la cour du dic-
» tateur. Brutus était Provençal, Cassius Normand,
» Cimber Picard, Antoine Alsacien, Dolabella
» Gascon; Décime Périgourdin ; et chacun d'eux
» traduisait en patois de son pays les beaux vers
» de Voltaire; c'était la confusion des langues,
» c'était la tour de Babel.

» Ajoutez à cela l'embarras de ces débutants,
» qui, peu familiarisés avec une si nombreuse
» compagnie, se troublaient à chaque instant,
» manquaient de mémoire à chaque vers, trébu-
» chaient à chaque pas. César, qui pour ne pas
» commettre un anachronisme, n'avait pas mis ses
» bésicles, pensa tomber dans le trou du souffleur;
» ne sachant que faire de leurs bras, les Romains
» osaient à peine se remuer dans leur accoutre-
» ment emprunté à la friperie de l'opéra italien,
» qui pour lors se piquait peu de fidélité en fait
» de costume. Cet accoutrement ne contribuait
» pas peu à fortifier l'effet de la représentation.
» Pas un Romain qui ne fût en habit de guerre de
» satin bleu, rose ou feuille morte, et coiffé d'un
» casque de même étoffe et de même couleur que

» sa tunique. César, qui avait été contraint, faute
» de pourpre, de se vêtir couleur de rose, avait,
» il est vrai, une coiffure plus sévère ; il était cou-
» ronné de lauriers. »

XXXV

DINERS ARTISTIQUES CHEZ LE GÉNÉRAL BONAPARTE

Bonaparte rentra à Paris le 5 décembre 1797 à cinq heures du soir. Il se rend à son petit hôtel de la rue Chantereine qu'il avait quitté vingt et un mois auparavant. La foule se presse sur son passage. Tout le monde veut acclamer le vainqueur d'Italie. La rue Chantereine débaptisée s'appellera désormais *rue de la Victoire*. « Le général Bona-
» parte, dit le *Moniteur* du 10 décembre, est des-
» cendu et loge dans la maison de son épouse,
» rue Chantereine, Chaussée-d'Antin. Cette mai-
» son est simple et sans luxe. On prétend qu'il
» repartira le 26 pour Rastadt. Il sort rarement et
» sans suite, dans une simple voiture à deux che-
» vaux. On le voit assez souvent se promener seul
» dans son modeste jardin. » Marmont appelait cette maison « le Temple de l'Amour ». Joséphine, restée à Milan, ne le rejoignit à Paris que le 2 janvier suivant.

Le général est de toutes les fêtes, de toutes les réceptions. Talleyrand, ministre des relations extérieures de la République Française, donne en son honneur une fête incomparable dans l'hôtel du ministère, situé rue du Bac, au coin de la rue de Grenelle. Là encore Bonaparte se trouve en contact avec des artistes. Laïs, Chenard et Chéron chantent des couplets de circonstance. Dugazon amuse l'auditoire par une bouffonnerie, genre précurseur du monologue !

Cet homme sévère et grave se plaît au milieu des artistes et des gens de lettres. Il aime à causer avec eux, à leur tenir tête au besoin. Il fait retenir des places à tous les théâtres ; il veut voir toutes les pièces en vogue. Quoiqu'il ne tînt pas table ouverte, il se plaît à recevoir et reçoit souvent, répondant par des invitations aux visites qu'il croit pouvoir se dispenser de rendre. Il convie fréquemment des savants et des auteurs dramatiques, et comme il ne les connaît pas tous, il charge Arnault de lui donner sa liste.

Ces dîners étaient charmants quand le général se mettait en frais d'amabilité, et il n'avait qu'à le vouloir. On y voyait côte à côte Berthollet, Laplace, Monge, Bernardin de Saint-Pierre, Legouvé, Lemercier, Arnault, Ducis, David, Méhul, Talma. Les soirées qui suivaient ces dîners n'étaient pas moins intéressantes ; on y lisait le plus souvent l'ouvrage nouveau d'un des convives.

Ducis y récitait ses plus belles scènes; Legouvé y fit entendre son poème des *Sépultures ;* Bernardin y lut son dialogue de Socrate, lequel, entre parenthèses, parut un peu long aux auditeurs.

Un soir, ayant appris qu'Arnault venait de lire ses *Vénitiens* au Théâtre-Français, Bonaparte voulut entendre cet ouvrage après dîner, et le voulut, comme il voulait quelque chose, c'est-à-dire sans admettre le moindre délai, à l'instant même. Arnault n'avait pas son manuscrit, et de plus était pris d'une extinction de voix; n'importe, un aide de camp irait chercher le manuscrit, et même le lirait si la voix ne revenait pas à l'auteur.

« Au terme du répit que j'obtins, raconte Ar-
» nault, non pas sans peine, cette lecture eut lieu
» devant une assemblée dont il m'avait laissé le
» choix, et où se trouvaient des convives que j'ai
» nommés plus haut, Méhul et David. La pièce
» produisit une impression profonde sur tous les
» assistants et sur le général lui-même. Mais après
» avoir accordé des éloges au soin que j'avais mis
» à donner à mon sujet les couleurs locales, et à
» la fidélité avec laquelle j'avais conservé à la po-
» litique et aux mœurs vénitiennes la physionomie
» qui leur est propre : Pourtant, me dit-il, j'ai un
» reproche à faire à votre premier acte. — Quel
» reproche, général ? — C'est de ne pas montrer
» le sénat de Venise sous des couleurs assez
» odieuses. — Je n'ai pourtant pas dissimulé la ri-

» gueur de ses institutions. — Mais vous justifiez
» cette rigueur par le but que le Sénat se proposait,
» le maintien de l'indépendance. »

Et la conversation continue sur ce ton. Quoique peu familiarisé avec les théories dramatiques, il raisonnait sur les effets de l'art avec une grande sagacité ; c'est ainsi qu'il blâma le dénouement des *Vénitiens* qu'Arnault avait changé, à la prière des dames. Il fallut revenir au premier dénouement, bien que Mme Bonaparte intercédât pour la grâce.

Pendant ces soirées consacrées aux muses, son salon était fermé à tous les profanes. Les autres jours, c'était différent ; on y trouvait autant de monde que dans celui d'un des membres du Directoire ; mais quand il était avec les artistes, il ne pouvait souffrir qu'on le dérangeât.

Nommé membre de l'Institut le 26 décembre 1797, personne n'attacha plus de prix à ce titre. Il le prit dans tous les actes publics. Le jour où Chénier y lut des vers en l'honneur de Hoche, toute l'assistance acclama Bonaparte. Le même soir, après dîner, vers neuf heures, il reçut quelques visites, entre autres celle de Mme Tallien qui venait le féliciter de son nouveau triomphe. La conversation étant venue à tomber sur la qualité et la trempe des armes :

— J'ai rapporté, dit Arnault, un superbe yatagan de Corfou.

— Qu'en avez-vous fait ? demanda le général.

— Je l'ai donné à Talma.

— Cela est bien d'un poète. Ces messieurs font leur cour même aux rois de théâtre.

— Je ne la fais pas même aux héros, général, répondit Arnault, je ne la fais qu'aux dames : Madame est là pour le dire.

Bonaparte ne répliqua pas un seul mot.

La popularité du général était telle qu'il ne pouvait plus se montrer nulle part sans être reconnu et acclamé. Un jour, Mme Vestris donnait une représentation à son bénéfice au théâtre Favart. On avait remis au répertoire *Macbeth*, de Ducis. Bonaparte avait fait retenir une loge des secondes, toutes les loges du rez-de-chaussée où il se tenait de préférence ayant été louées à l'avance. Cette loge était de face, et découverte, ce qui le contrariait. Il se résigna pourtant. Aussitôt après le dîner il emmena Ducis, Arnault et Mme Bonaparte. Il s'était figuré qu'en arrivant parmi le brouhaha qui précède le spectacle, il échapperait à l'attention publique. Point du tout. Mme Bonaparte entre, on la reconnaît, et on l'applaudit. Mais ce fut bien autre chose quand on vit entrer le général dans la loge. Enfin les applaudissements redoublèrent encore quand il contraignit le vieux Ducis à prendre place sur le devant, se tenant lui-même modestement derrière le poète, un des plus fameux de l'époque.

XXXVI

DÉPART POUR L'EGYPTE.

Cependant cette popularité le gênait. D'une part il craignait de porter ombrage aux directeurs, et de se voir d'un mot retirer son titre de général en chef ; d'autre part il comprenait qu'il faut toujours du nouveau à ce peuple français qui se lasse avec autant de facilité qu'il s'enthousiasme. « Si je » reste longtemps à Paris sans y rien faire, disait-il » à Bourrienne, je suis perdu. Une renommée » dans cette grande Babylone en remplace une » autre ; on ne m'aura pas vu trois fois au spec- » tacle que l'on ne me regardera plus. » L'administration de l'Opéra lui offrit une représentation de gala. Il refusa.

Bonaparte rêvait de grandes choses. « Je vois » que si je reste ici, disait-il encore à Bourrienne, je » suis coulé sous peu. Tout s'use ici, je n'ai déjà » plus de gloire ; cette petite Europe n'en fournit pas

» assez. Il faut aller en Orient; toutes les grandes
» gloires viennent de là. »

La campagne d'Égypte fut résolue, et l'on vit alors une chose extraordinaire, on vit ce génie militaire, ne rêvant que gloire et batailles, se préoccuper d'emmener avec lui un poète, un compositeur de musique et un chanteur (1) !

— Trouvez-moi cela, disait-il à Arnault. Proposez la chose à Ducis, à Méhul et à Laïs. Voilà les gens qui me conviendraient; ils seront en rapport intime avec moi ; ils recevront six mille francs de traitement pendant tout le temps que durera l'expédition, et cela indépendamment des traitements attachés aux places qu'ils pourraient avoir, et qu'ils reprendraient à leur retour.

— Mais où les mènerez-vous, général ?

— Où j'irai. Je m'expliquerai là-dessus quand le temps sera venu : en attendant, qu'ils se fient à mon étoile.

On se souvient que l'expédition d'Égypte fut tenue secrète jusqu'au dernier moment.

Ducis s'excusa sur son âge, Méhul tint à son Con-

(1) Lors de son départ pour l'Egypte, le général fit mettre en quête un grand nombre d'agents tous occupés à former une troupe nombreuse qu'il voulait emporter avec lui; l'avis fut affiché. On y admettait des acteurs dans tous les genres, même des danseurs, et surtout des danseuses... Le concours fut très grand. Il n'était pas si mince *espalier d'opéra* (figurante, ancien style) qui ne voulût s'embarquer pour la terre de Sésostris. (*Mémoires de Fleury*, tome II, page 407.)

servatoire, et Laïs eut peur d'attraper un rhume. Mais il emmena Parceval de Grandmaison, comme poète, Rigel, habile professeur de piano, comme musicien, et l'on choisit comme chanteur Villoteau, qui doublait Laïs à l'Opéra. Arnault fut constitué bibliothécaire, et le général lui recommanda de n'emporter, si possible, que des volumes in-12, parce que c'est le format qui tient le moins de place. Ce diable d'homme pensait à tout ! La bibliothèque se composait du théâtre des Grecs, de l'Iliade, de l'Odyssée, de Shakespeare, de Rabelais, et d'autres ouvrages, livres d'histoire et romans.

A ce propos Arnault raconte encore que pendant la traversée on s'ennuyait à bord. Chacun était venu le trouver pour emprunter un livre à la bibliothèque. Un jour il prit à Bonaparte la fantaisie de savoir ce que chacun lisait. Il fit sa tournée sur le pont.

— Que tenez-vous là, Bessières ? Un roman ! Et toi, Eugène, un roman ! Et vous, Bourrienne, un roman ! Et vous, Duroc, un roman ! Lectures de femmes de chambre, s'écria-t-il.

Bonaparte ne comprenait que les livres d'histoire.

Il ne faudrait pourtant pas croire, en le voyant emmener des musiciens, qu'il raffolât de la musique ; il préférait la tragédie. Bonaparte sentait mal la musique. C'était tout au plus pour lui un moyen de distraction, d'amusement. La musique n'allait jamais à son âme. Avec une voix douce et sonore, il chantait faux. Enfin le chant n'était chez lui que l'expression de la mauvaise humeur. Quand il fredonnait : « *Ah ! c'en est fait, je me marie,* » ce n'était pas le moment de lui demander quelque chose. Junot et ses autres familiers le savaient bien.

Pour la tragédie, c'était bien différent. Il rapportait tout à l'intérêt qui pour lui était le premier de tous : la politique. Telle était sa doctrine sur la tragédie. Les intérêts des nations, des passions appliquées à un but politique, le développement des projets de l'homme d'État, les révolutions qui changent la face des empires, voilà, disait-il, la matière tragique. Les autres intérêts qui s'y trouvent mêlés, les intérêts d'amour surtout, qui dominent dans les tragédies françaises, n'étaient pour lui que de la comédie dans la tragédie. C'est pourquoi il ne voulut jamais considérer *Zaïre* que comme une comédie, tandis qu'il gardait une admiration sans bornes pour Corneille.

Le 3 mai 1798, Bonaparte et Joséphine, qui avaient dîné ce soir-là chez Barras, se rendirent au Théâtre-Français, où Talma jouait *Macbeth*, de Ducis. A peine sorti du spectacle, et sans que personne ne s'en doutât, il montait en chaise de poste avec Joséphine, Eugène, Bourrienne, Duroc et Lavalette. Paris dormait encore que les postillons étaient déjà loin sur la route. Le jeune général s'en allait à Toulon, d'où il devait s'embarquer pour l'Égypte.

XXXVII

SAGERET RÉUNIT LES TROIS TROUPES.

Le théâtre Louvois ayant été fermé par ordre, deux théâtres français restaient en présence : le théâtre Feydeau et le théâtre de la République. Ce dernier, auquel appartenait toujours Talma se traînait péniblement. Fallait-il en faire remonter la cause à cette vieille réputation révolutionnaire que ce théâtre avait acquise et par son répertoire et par les opinions personnelles de ses artistes? Monvel et Dugazon avaient été d'abominables sansculottes; le public, revenu à des sentiments plus calmes, tenait-il rancune au théâtre de la rue de la Loi et à ses comédiens ? Je ne 'sais, mais il pourrait bien se faire qu'il y eut un peu de cela dans la froideur générale.

Et cependant l'ardeur révolutionnaire des artistes du théâtre de la République ne s'était pas refroidie. Après la journée du 18 fructidor et les proscriptions qui en résultèrent, ce théâtre donna *les Véritables honnêtes gens*, triste apologie de cette triste journée. Le 26 frimaire suivant, le volage Molé, rendu libre par la fermeture du théâtre Louvois, rejoignait ses anciens camarades, et rentrait au théâtre Feydeau. Quant à Mlle Raucourt, après avoir été frapper de porte en porte, elle avait enfin trouvé un refuge dans l'ancienne salle de la Comédie-Française qui, reconstruite, porte aujourd'hui le nom de théâtre de l'Odéon. C'est là qu'elle s'installa avec Saint-Prix, Saint-Fal, Naudet, Vanhove, Florence, Picard, Mlles Fleury, Simon, Molière et plusieurs autres. Il y furent bientôt rejoints par Mlle Joly.

Ce fut le coup de grâce pour le théâtre de la République, qui fut contraint de fermer ses portes, laissant du même coup tant de brillants talents sans emploi. Sageret, qui dirigeait le théâtre Feydeau, conçut alors le projet de réunir les artistes de l'ex-théâtre de la République à ceux du théâtre Feydeau. Mais combien d'obstacles n'avait-il pas à vaincre? Les vieilles rancunes, les amours-propres froissés, les opinions politiques différentes. Il triompha de toutes ces difficultés en parlant intérêt. Grandménil, Michot, Dugazon, Baptiste aîné, Monvel, Talma, Mmes Vestris et Petit-Vanhove furent successivement engagés. Talma reparut dans *Macbeth*, et c'est à cette représentation, dont nous avons parlé à la fin du précédent chapitre, qu'assistait Bonaparte la veille de son départ pour l'Égypte, départ qu'on ignorait encore. En résumé, tous les acteurs du théâtre de la République furent bien accueillis à Feydeau, à l'exception peut-être de Dugazon, dont on ne pouvait oublier les anciennes excentricités révolutionnaires.

— Que viens-tu faire ici ? lui disait dans une scène un jardinier, alors que lui-même jouait le rôle du valet. Que viens-tu faire ici ? Nous n'avons pas besoin de toi ni de ta race de canailles.

Quelques applaudissements, vivement comprimés, éclatèrent. Dugazon aurait agi prudemment en choisissant une autre pièce de début.

Falkland, drame donné le 6 prairial an VI (25 mai 1798), fut la première pièce qui réunit sur la scène les comédiens des deux sociétés. Laya, qui en était l'auteur, avait bel et bien vendu son ouvrage dix mille francs, espèces sonnantes, qu'il se fit compter avant la première représentation. La somme est assez considérable pour l'époque et vaut la peine d'être notée. Les principaux interprètes étaient Molé, Monvel, Talma et Mlle Mézeray. Mais Sageret pliait sous le poids de tant de charges : en réalité il avait une troupe d'opéra et deux troupes de comédie. Ses premiers sujets étaient fort bien payés, et comme il donnait l'opéra-comique dans cette même salle Feydeau, il ne pouvait utiliser ses comédiens que tous les deux jours.

C'est alors qu'il résolut de séparer complètement les deux genres. Il loua la salle de la République, devenue vacante, y fit travailler jour et nuit pour en changer la forme ; l'ouverture eut lieu le 19 fructidor (5 septembre 1798), par *le Misanthrope* et *le Legs*.

L'orchestre attaqua l'air : *Où peut-on être mieux qu'au sein de sa famille ?* Et le public applaudit. Il paraît effectivement qu'on n'y est pas trop mal, puisque nos comédiens français y sont encore.

Que devenait le théâtre de l'Odéon, là-bas au delà des ponts ? La foule, qui aime toujours la nouveauté, s'y était portée le premier mois. Puis la salle s'était dégarnie, comme elle l'a été si souvent depuis. Les artistes ne gagnant pas assez se plaignaient amèrement ; la troupe s'égrenait chaque jour. La mort de Mlle Joly vint encore ajouter un désastre de plus, et un désastre irréparable, à tant d'autres. La clôture du théâtre de l'Odéon eut lieu le 13 prairial (1er juin 1798). L'entreprise avait duré à peine cinq mois.

Sageret, qui était insatiable, ne vit dans cette fermeture que l'occasion d'avoir une nouvelle salle de spectacle à exploiter ; il prit à bail la salle de l'Odéon, fit encore des engagements nouveaux et décida que ses comédiens desserviraient les deux théâtres, théâtre de la rue de la Loi (rue Richelieu), et théâtre du faubourg St-Germain (Odéon). Cette combinaison n'était pas maladroite, en ce sens qu'elle lui permettait de faire jouer tout son monde en encaissant deux recettes chaque soir. Il avait à payer, il est vrai, une double location de salle, mais il n'avait qu'une seule troupe, bien montée, bien complète, et qui ne comptait pas de non-valeurs. De plus, cet arrangement faisait l'affaire des auteurs qui avaient aussi deux débouchés au lieu d'un, des acteurs qui ne demandaient qu'à jouer et à se faire connaître du public, et enfin des amateurs qui pouvaient avoir aussi des spectacles variés, avec des acteurs suffisants, sinon remarquables, dans tous les emplois.

La première pièce jouée au théâtre de la République après la réunion fut une tragédie d'Arnault, intitulée *Blanche de Moncassin*. Arnault, qui en parle beaucoup dans ses *Souvenirs*, l'appelle plus volontiers *les Vénitiens*. Il nous raconte à ce propos les démêlés qu'il eut avec la censure; ainsi il était défendu de dire :

> Malheur à tout pouvoir qui croit par l'injustice
> De sa grandeur sanglante assurer l'édifice !
> Il croulera bientôt avec son faible appui,
> Et le sang innocent retombera sur lui.

Dans la scène où le prêtre venait bénir le mariage de Blanche et de Capello, la censure était aussi intervenue, et avait écrit cette note en marge du manuscrit : « Point de prêtres ! point de prêtres ! » Ils sont encore parmi nous, ils nous tourmen- » tent; point de prêtres ! »

Prohibée après la répétition générale, puis ajournée, la pièce ne vit le feu de la rampe que grâce à Treilhard, membre du Directoire. Talma y fut parfait. « Brillant de toutes les grâces de la
» jeunesse, nous dit Arnault, Talma y jouait avec
» une femme qu'il aimait et dont le talent s'ac-
» cordait merveilleusement avec le caractère du
» rôle que je lui avais confié. L'illusion dans les
» scènes où ils se trouvaient ensemble était com-
» plète ; ce n'étaient plus des sentiments simulés,
» mais réels. »

Malheureusement le succès de cette pièce ne parvint pas à tirer Sageret du bourbier financier où l'avaient jeté ses trop nombreuses entreprises. Arnault nous avoue que le produit presque entier de son ouvrage lui fut enlevé par la faillite du directeur. — Nous avons déjà dit que la Société des auteurs n'existant pas encore, les directeurs payaient eux-mêmes les droits. — Sageret encaissait bien l'argent de la recette, mais tout cela était absorbé à l'avance. Et comme il se plaignait de n'avoir pas d'argent : On saura vous en faire trouver, dit Arnault. — Qu'on m'en fasse trouver, on me rendra grand service, lui répondit Sageret, qui ne manquait point d'esprit.

Sageret joua son dernier va-tout avec *Ophis*, tragédie en cinq actes donnée pour la première fois le 3 nivôse. La pièce est de Lemercier. Elle tomba. Avec elle tomba aussi le directeur. Écrasé par des frais énormes, puisque Mlle Contat, *entre autres*, touchait jusqu'à 30,000 francs d'appointements par an, somme considérable pour l'époque ; forcé de faire des emprunts, poursuivi par une légion d'huissiers, réduit à faire des abonnements à prix dérisoires, pour avoir de l'argent de suite, Sageret ferma le théâtre de la République le 5 pluviôse. L'entreprise nouvelle avait duré environ quatre mois.

Qu'allait encore une fois devenir Talma ? Le Théâtre-Français était bien malade, et peu s'en fallait que les artistes qui le composaient en dernier lieu ne se dispersassent de tous côtés, emportant ainsi de précieuses traditions. L'œuvre admirable de Louis XIV risquait ainsi d'être à jamais détruite.

Le théâtre de l'Odéon résistait seul. Les acteurs avaient formé entre eux une société. C'est alors que Mme Molé, qui appartenait à ce théâtre, eut l'heureuse idée d'arranger pour la scène française la traduction d'un ouvrage de Kotzebue, intitulé *Misantropie et Repentir*. La pièce eut une vogue énorme et fit courir tout Paris. Elle donna lieu, il est vrai, à des critiques, à des dissertations sans fin ; mais, en attendant, la salle était pleine tous les soirs. Les recettes suffisaient donc amplement aux frais relativement peu élevés de l'association, et les comédiens, qui comptaient parmi eux Dupont, Saint-Prix, Saint-Fal et Grandménil, portaient haut et ferme leur drapeau, quand un malheureux événement vint détruire l'unique refuge de la comédie française. Un incendie, dont on ne connut jamais la cause, détruisit la salle de l'Odéon le 15 mars 1799. C'était le dernier théâtre français qui brûlait.

Le lendemain matin, Sageret fut emprisonné au Temple comme incendiaire, de par un mandat daté de la veille de l'incendie! Quand il sortit de prison, il n'avait plus de direction. Le théâtre Feydeau avait fermé le 14 floréal an VII. Et puisque nous parlons ici de Sageret, cette figure curieuse de calculateur audacieux vaut bien la peine qu'on s'y arrête un moment. Les frères de Goncourt, dans leur ouvrage : *Histoire de la Sociéte française pendant le Directoire,* en ont assez longuement parlé, empruntant eux-mêmes leurs détails *aux mémoires et comptes relatifs à la réunion des artistes français, à l'administration des trois théâtres de la République, de l'Odéon et de Feydeau,* par le citoyen Sageret, an VIII.

Après avoir été tour à tour banquier à Rome et commerçant en joaillerie, Sageret s'étais mis dans la tête de fonder à Paris un théâtre où tous les arts seraient réunis. C'est ainsi que nous l'avons vu, dans nos précédents chapitres, directeur du théâtre Feydeau, où la musique alternait avec la comédie. Lorsque le théâtre Louvois fut fermé par ordre du gouvernement, le théâtre de la République se mourait. C'est alors que Sageret, appuyé par Merlin, eut l'idée de réunir au théâtre de la République les acteurs dispersés à Feydeau et à Louvois, tout en restant à la tête de l'Opéra Feydeau. Barras, qui avait une fois réuni à sa table les deux troupes rivales, espérant les réconcilier le verre en main, avait échoué. Sageret fut plus heureux. Nous avons raconté comment il engagea les acteurs du théâtre Louvois fermé, comment il prit à bail le théâtre de la République pour vingt-deux ans ; et tandis que les troupes réunies jouaient provisoirement à Feydeau, il chargeait Moreau de remanier la salle du théâtre de la République, car, depuis l'usage de dîner fort tard, les femmes allaient au spectacle sans toilette, et tenaient à assister à la première représentation dérobées au public.

Enfin, comme l'Odéon pouvait seul être un obstacle à ses projets, nous l'avons vu prendre à bail pour trois ans l'Odéon, et devenir à la fois directeur de Feydeau, du théâtre de la République et de l'Odéon. De ce moment datent les embarras de Sageret. D'abord le gouvernement, qui avait promis trois cent-soixante mille livres, fit défaut. Ensuite il fallait payer des appointements énormes aux artistes et les notes des entrepreneurs. Le théâtre Feydeau avait été aussi réparé et remis à neuf de fond en comble. Sageret cherche, combine. Il espère faire prendre un abonnement de 200 francs par an à tous les membres du Conseil des Cinq-

Cents et aux membres du Conseil des Anciens. Il échoue. Le malheureux directeur est contraint de proposer au ministre une réduction d'appointements de ses artistes. Ainsi il demande que Molé de 24,000 livres soit réduit à 18,000, Dazincourt de 19,500 à 12,000, Dugazon de 15,000 à 12,000, Vanhove de 15,000, à 10,000, Contat de 30,000 à 18,000, Raucourt de 24,000 à 18,000. — Les 15,000 livres de Talma étaient respectées. Le ministre François de Neufchâteau conclut à la réduction d'un quart pour tout le monde. Les artistes sont furieux. Talma et Mme Petit-Vanhove, ne prenant conseil de personne, se jettent dans une chaise de poste et s'en vont donner des représentations à Bordeaux, événement à noter, car c'est la première fois depuis le début de sa carrière que nous voyons Talma aller donner des représentations en province.

XXXVIII

LA COMÉDIE FRANÇAISE EST CONSTITUÉE

Le théâtre de la République fermé, l'Odéon en cendres, le théâtre Feydeau fermé, Sageret ruiné, Talma à Bordeaux, les autres artistes épars, il n'y avait plus de Comédie-Française. C'est alors que François de Neufchâteau, ministre de l'intérieur, aidé de Mahérault, commissaire du gouvernement, sentit la nécessité d'un théâtre français unique. Une seule opposition s'éleva, ce fut celle de Beaumarchais parlant en faveur de la concurrence. Il fit appuyer sa pétition de la signature des auteurs dramatiques les plus en vue tels que : Colin d'Harleville, Ducis, Legouvé, Arnault, Laya, Demoustier et Picard. Ce dernier acte fut, on peut le dire, le testament littéraire de Beaumarchais. Il mourut presque subitement le 29 floréal de cette même année. François de Neufchâteau n'en continua pas moins son œuvre, et la protestation des auteurs resta sans effet.

Le Théâtre-Français véritablement reconstitué ouvrit ses portes le 31 mai 1799, dans le local qu'il occupe encore aujourd'hui. Nous vous avons dit que la salle en avait été fraîchement restaurée par les soins du malheureux Sageret.

Après tant de vicissitudes, réunions, dispersions, emprisonnements, fermetures, réunions nouvelles, querelles, raccommodements, changements de salles et changements de dénominations, nous ne croyons pas superflu de remettre sous les yeux du lecteur la composition exacte de la troupe du Théâtre-Français lors de cette réouverture. La date qui suit le nom des artistes est la date de leur réception au sociétariat.

Etat du personnel de la Comédie-Française le 31 mai 1799.

Commissaire du gouvernement : MAHÉRAULT.

Sociétaires :

MM. Molé, doyen	1761	
Monvel	1772	
Dugazon	1772	
Dazincourt	1778	
Fleury	1778	Ex-sociétaires
Vanhove	1779	de l'ancien
Florence	1779	Théâtre-Français
Saint-Prix	1784	
Saint-Fal	1784	
Naudet	1786	
Larochelle	1787	
Talma	1789	
Grandménil	1791	

MM. Alexandre Duval, ex-artiste du théâtre de la République.
Caumont, ex-artiste du théâtre Feydeau.
Michot, ex-artiste du théâtre de la République.
Baptiste cadet, ex-artiste du théâtre de la République.
Damas, ex artiste du théâtre de la République.
Baptiste aîné, ex artiste du théâtre de la République.
Armand, nouvellement reçu.
Lafon, nouvellement reçu.

Mmes Lachassaigne.... 1769
Raucourt....... 1773
Suin........... 1776
Louise Contat... 1777
Thénard........ 1781 } Ex-sociétaires de l'ancien Théâtre Français
Devienne....... 1785
Emilie Contat... 1785
Petit-Vanhove... 1785
Fleury......... 1791
Mézeray........ 1791

Mars cadette, ex-artiste du théâtre Montansier.
Bourgoin, nouvellement admise.
Volnais, nouvellement admise.

Les pensionnaires étaient : Desprez, Lacave, Dublin, Marchand ; Mmes Gros, Desrosiers et Patrat.

Maintenant que voici la Comédie-Française reconstituée, et notre héros, Talma, revenu au bercail, nous allons jeter un rapide coup d'œil sur le public qui fréquentait le théâtre à cette époque curieuse du Directoire, époque de transition, époque de plaisir, époque de décadence. On a tout dit sur le Directoire, parce que le Directoire a attiré tous les regards par ses costumes, ses incroyables, ses merveilleuses, ses femmes déshabillées, ses ameublements renouvelés de l'antique, ses mœurs profondément dissolues, et son étrangeté qui allait même jusqu'à changer la langue. On a regardé avec étonnement les peintures de Boilly, les miniatures de Mallet; on a contemplé les robes à la Vestale, les jupes à la Diane, les redingotes à la Galathée, les tuniques à la Minerve. Tous les dieux de l'antiquité défilent dans les gravures de mode, depuis Cerès jusqu'à Flore, sans oublier Minerve, et quand les dames ne portent pas une robe à l'Omphale, elles se contentent d'un *lever de l'aurore*. Tout cela a frappé les imaginations artistiques, tout cela a tenté le crayon des caricaturistes, et voilà pourquoi on nous a abreuvés de gravures, lithographies, pièces de théâtre, romans et opérettes, où l'on ne voit et où l'on ne parle que de perruques blondes et de collets noirs. Enfin des plumes autorisées de lettrés délicats, comme celles de MM. de Goncourt et Arsène Houssaye, nous ont tracé des tableaux fidèles de ce temps. Nous renverrons donc le lecteur désireux de s'instruire sur le Directoire à ces ouvrages d'érudition, qui sont d'ailleurs dans toutes les mains, et nous nous contenterons, pour ne pas sortir de notre cadre, de dire ce qu'était le théâtre et ce qu'on pouvait voir dans une salle de spectacle.

Jamais la foule ne fut plus avide de plaisirs que sous le Directoire ; après les massacres et les arrêts de mort, chacun se regardait heureux de vivre, heureux de se retrouver encore, et ne songeait plus qu'à se divertir. Les murs de Paris sont couverts d'affiches, affiches de spectacles, affiches de bals, affiches de divertissements de toutes sortes. La capitale compte vingt-trois théâtres et six cent quarante-quatre bals, sans compter tous les autres lieux de plaisir. Jetez les yeux sur un plan de Paris de la fin du siècle dernier : voyez-vous ce vaste quadrilatère compris entre la rue Saint-Honoré et les boulevards d'une part, entre la rue de la Loi, ci-devant Richelieu, et la rue Vivienne d'autre part, et le palais Egalité ? — On s'amuse dans tout cet espace ; chaque maison est un lieu de plaisir ; on donne des concerts et l'on joue la comédie à Feydeau, on chante l'opéra au théâtre National, rue de la Loi, on joue la comédie au théâtre Louvois, on joue des farces au théâtre du palais Egalité, on joue au théâtre du Cirque, dans les jardins mêmes du palais, on joue au théâtre des petits comédiens du Palais-Royal, on joue au théâtre de la République, dans la salle actuelle de la Comédie-Française, et si vous poussez un peu plus loin, on joue encore rue de Chartres, au théâtre du Vaudeville.

Et notez que l'on danse à la *Modestie*, rue des Filles-St-Thomas ; rue de la Loi, chez le citoyen Travers ; au bal de Calypso, chez Maloisel, 109, faubourg Montmartre ; rue de la Loi, vis-à-vis l'arcade Colbert ; hôtel de Chine, rue Neuve-des-Petits-Champs, et dans bien d'autres endroits encore, sans sortir de ce quartier.

Quant aux concerts proprement dits, ils pleuvent drû comme grêle. Concert Marbeuf, concert Prévost, concert de la République, concert des Tuileries, concert des Aveugles, concert des Sourds-Muets, sans compter les concerts où l'on soupe, comme chez Cispadan, ou les concerts aristocratiques, comme les concerts dans les appartements de la ci-devant duchesse d'Orléans dans le palais Égalité.

Voulez-vous nous suivre à présent sous les arcades de ce palais Égalité où nous devons passer forcément pour nous rendre au théâtre de la République ? A chaque porte, club, tripot, académie ou maison de filles, quand nous n'y trouvons pas un café ou un restaurateur. Au milieu du jardin le Cirque destiné à l'incendie, et surmonté de plantes et d'arbustes, véritable jardin de Sémiramis. Ici des grottes souterraines d'où s'échappent des flonflons de guinguette ; là des caveaux où l'on dîne en musique et où des *nymphes*

sonnent du cor. Plus loin Séraphin et son théâtre en miniature. Ici le café du *Berceau lyrique*, là le café du *Rach*, où l'on mange depuis dix heures du matin jusqu'au soir de la soupe à la tortue à quinze sous la portion. La boutique du marchand de gaufres ne désemplit pas, et Corcelet s'enrichit à vendre ses truffes cuites au vin de Champagne. Tous les anciens cuisiniers de la noblesse privés de leur emploi et sans fonctions se sont établis restaurateurs, glaciers, limonadiers ou pâtissiers. Mais ce qui rend l'aspect du palais Égalité sans pareil au monde, c'est cette foule grouillante de filles à moitié deshabillées au goût du jour, et cherchant aventure. Sous les galeries mêmes du théâtre de la République, des Aspasies tiennent à la disposition des passants des déjeuners et soupers froids. Enfin, dans les galeries de bois, toute la cohue des prostituées cotées ou non cotées promène sa nudité et demande acquéreur. « Jusque
» sous les noires et affreuses galeries du théâtre de
» la République, écrivent les frères de Goncourt,
» il se fait un fourmillement de créatures dans le
» silence de la nuit, et belles et laides, et jeunes et
» vieilles, tout grouille confusément dans les
» impuretés de l'ombre. »

Entrons à présent au théâtre. Le spectacle commence à cinq heures et se termine à dix. Sous la royauté on déjeunait à neuf heures, on dînait à midi, on soupait à dix heures du soir. Les représentations théâtrales avaient lieu à quatre heures, et ne dérangeaient en rien la disposition ni l'heure des repas. Puis l'heure du spectacle fut reculée de quatre à cinq heures, puis à six. Le régime parlementaire fut la principale cause de ces changements. On ne pouvait pas dîner pendant la séance. On déjeuna donc à midi, et l'on dîna à cinq heures. Et comme le frugal déjeuner du matin ne suffisait plus pour atteindre cinq heures, l'aimable Mme Hardy, dont le mari tient un café sur les boulevards, a une heureuse innovation. Chez elle, dans la première salle, sur un buffet bien préparé, se trouvent boudins, saucisses, viandes froides, côtelettes ou rognons. Et le déjeuner à la fourchette est inventé.

Mais, sans remonter si loin, y a-t-il donc si longtemps que le spectacle commençait entre six et sept heures? Avec nos mœurs actuelles et nos habitudes de dîner de plus en plus tard, l'heure du spectacle a été indéfiniment retardée. Quelle femme à la mode de nos jours croirait décent de venir au théâtre avant neuf heures? Seulement, comme le spectacle finit toujours à minuit, c'est le public qui perd à la combinaison. Il ne faut pas chercher d'autre raisons à cette coupe éternelle de pièces en trois actes, dont le premier seul, la plupart du temps, est amusant, et à cette longueur démesurée des entr'actes. On a trop d'espace pour trois actes et pas assez pour cinq.

Tout le monde sous le Directoire va au théâtre.

Les salles sont luxueuses. Sageret se ruine à embellir Feydeau et le théâtre de la République, le théâtre de la Loi est flambant neuf. A l'Odéon, qui n'est autre que l'ancien Théâtre-Francais, on a supprimé les places de distinction ; la devise *Égalité* inscrite sur le fronton est applicable à l'intérieur ; il ne faut plus voir d'aristocrates aux loges et aux balcons. Tout cela est remplacé par une vaste galerie circulaire; les loges d'avant-scène sont supprimées; on y voit à leur place des niches où se dressent les statues de la Liberté et de l'Égalité ; au-dessus du public une coupole tricolore, et aux colonnes des troisièmes, les bustes des amis et martyrs de la Liberté (1). Puis bientôt tout cela change encore. La suppression des loges ne faisait pas l'affaire du directeur, comme on peut le croire. Le citoyen Dorfeuille les rétablit ; le pourtour de la galerie des secondes est embelli de peintures, combats d'athlètes et courses de chevaux, et un beau lustre à quarante-huit lampes à la Quinquet, entouré de douze autres lustres à cristaux, est fixé au plafond (2). Il est vrai de dire que la chandelle avait atteint un moment le prix exorbitant de quarante-cinq livres, ce qui avait forcé l'Opéra à augmenter d'un tiers le prix de ses places (3).

Comme on agiote partout, on agiote à la Comé-

(1) *Petites affiches*, juin 1794.
(2) *Petite poste*, germinal an V.
(3) *Journal de France*, pluviôse an III.

die comme autre part. On achète et on revend des parties de sucre, de café, de riz, aussi bien que des souliers ou des pièces de drap pendant l'entr'acte. A dix heures la toile tombe, et tout le Paris élégant se retrouve autour des tables d'acajou et des chaises étrusques de Garchy, le fameux glacier de la rue de la Loi.

Mais si la foule est nombreuse au théâtre, le public, le vrai public, dans l'acception du mot, y fait totalement défaut. Le temps est déjà loin où les véritables amateurs de théâtre discutaient chez Procope les pièces nouvelles et les débuts des artistes. Plus rien de tout cela. Le nouveau régime a tout bouleversé. Les laquais d'hier sont les enrichis d'aujourd'hui. Il faudrait remonter au temps de la Banque de Law sous la Régence, pour rencontrer des fortunes aussi rapidement acquises par l'agiotage. Des gens qui n'étaient rien hier sont aujourd'hui de gros fournisseurs d'armées ou se sont rendus pour une bouchée de pain acquéreurs des biens des émigrés. On ne vient donc plus au théâtre par goût, mais par pose ; les hommes pour s'y faire voir ou causer d'affaires pendant les entr'actes, les femmes pour étaler leur nudité, selon le goût du jour.

De temps à autre un scandale vient distraire l'auditoire et remplit les journaux pendant quelques jours. Une fois, Chénier se rend au théâtre de la République avec Mme La Boucharderie, sa maîtresse.

Un jeune homme, nommé Amédée de Kerboux, entre dans la loge, s'installe et garde son chapeau. Chénier veut le décoiffer; le jeune homme frappe Chénier de son gant. Un duel s'ensuivit; après quatre coups de pistolet échangés, de Kerboux recevait une balle au-dessous des côtes (15 ventôse an V).

Enfin, quand le scandale n'est pas dans la salle, il est sur le théâtre, et le public s'occupe des amours et des aventures de Mlle Lange, qu'elle plaide avec un de ses anciens amants; Hoppé, pour garder le fruit de leurs amours, la jeune Palmyre, ou qu'elle se querelle avec le peintre Girodet, qui, peu satisfait sans doute du mode de paiement de son portrait, remporte sa toile, et peint une Danaé exposée toute nue sous une pluie d'or, et dans laquelle on reconnaît sans peine Mlle Lange en personne. Il était temps que le carrossier Simon survînt à point pour l'épouser.

Nous avons dit que la Comédie-Française reconstituée avait ouvert ses portes le 31 mai 1799, et cependant le premier Consul n'ayant doté la Comédie-Française d'une rente annuelle de cent mille francs que le 2 juillet 1802, il y avait encore pour les comédiens une période de transition à franchir; c'est celle que nous allons raconter. Un événement considérable allait surgir. Nous voulons parler du 18 brumaire; c'était la fin du Directoire et le commencement du Consulat. Et chose assez originale au point de vue même de notre histoire, c'est dans cette maison de la rue Chantereine, à présent rue de la Victoire, c'est dans l'ancien salon de Talma, salon où nous avons vu défiler Dumouriez et toute la Gironde, c'est dans ce salon que cet acte du 18 Brumaire va se préparer et se résoudre. Il ne restera plus à Bonaparte qu'à partir pour Saint-Cloud, et l'accomplir.

XXXIX

RETOUR D'ÉGYPTE

Nous avons laissé Bonaparte prendre le chemin de l'Égypte au sortir d'une représentation de *Macbeth*. Joséphine avait accompagné son mari jusqu'à Toulon, ne sachant pas si elle le reverrait jamais. Mais l'éloignement même de Bonaparte allait le grandir aux yeux de ses concitoyens. Comme l'a dit Mme de Staël, « des lettres datées du Caire, des » ordres qui partaient d'Alexandrie pour arriver » jusqu'aux ruines de Thèbes, vers les confins de » l'Éthiopie, accroissaient la réputation d'un homme » qu'on ne voyait plus, mais qui semblait de loin » un phénomène extraordinaire. »

Après une saison passée aux eaux de Plombières, Joséphine était revenue à Paris. C'est alors qu'elle acheta le domaine de la Malmaison, cette ruine aujourd'hui. Elle paya à cet effet 160,000 francs, partie avec sa dot, partie avec l'argent de son mari, et passa l'automne de 1798 et l'été de 1799 dans cette résidence. L'hiver elle revint habiter son petit hôtel de la rue de la Victoire.

« La vie de Paris, écrit M. Imbert de Saint-
» Amand dans son livre la Citoyenne Bonaparte,
» la vie de Paris lui convenait à merveille. Elle
» aimait le bal, les dîners, les concerts, le théâtre,
» les parties de plaisir. Femme de salon, elle pré-
» sidait avec un véritable talent un cercle d'amis
» et d'admirateurs. Ses réceptions du jeudi, dans
» son hôtel de la rue de la Victoire, avaient une
» juste renommée. On remarquait, parmi les
» femmes de son intimité, la comtesse Fanny de
» Beauharnais, Mme Caffarelli, la comtesse d'Hou-
» detot, Mme Andréossi, et les deux beautés à la
» mode qui se disputaient le sceptre de la célé-
» brité, Mme Tallien et Mme Regnault de Saint-
» Jean d'Angély. Sans être instruite, Joséphine
» avait une vague notion de la littérature, et s'en-
» tourait avec plaisir des écrivains et des artistes
» en vogue. Ce fut chez elle, pendant l'expédition
» d'Égypte, que Legouvé lut son *Mérite des femmes*,
» et que Bouilly déclama son drame de *l'Abbé de*
» *l'Épée*. On retrouvait dans son salon Bernardin
» de Saint-Pierre, Ducis, Lemercier, Joseph Ché-
» nier, Méhul, Talma, Volney, Andrieux, Picard,
» Colin d'Harleville, Baour-Lormian, Alexandre
» Duval. »

La maison n'avait fait que de changer de propriétaire, s'appelât-il Bonaparte ou Talma. Les habitués

du salon étaient restés les mêmes. Ainsi — et pour montrer que nous ne nous écartons pas trop de notre sujet, — toutes les fois que vous entrerez chez Bonaparte ou chez sa femme, toutes les fois que vous franchirez ce cercle, vous y retrouverez notre héros Talma. Il est impossible de parler de l'un sans faire entrer l'autre immédiatement en scène.

Le 9 octobre 1799, Bonaparte après quarante-quatre jours de traversée, débarque dans la baie de Saint-Raphaël. Ce n'est qu'un cri sur le continent : Bonaparte est de retour d'Égypte. Il fait des entrées triomphales dans chaque ville où il passe; Fréjus, Aix, Avignon, Valence l'acclament par des vivats indescriptibles. La ville de Lyon est là toute entière pour le recevoir, et le général, suivant son habitude en de telles circonstances, se rend le soir même au théâtre. Mais il a beau prendre soin de placer adroitement Duroc sur le devant de la loge, le public veut absolument voir Bonaparte. Le général se montre, et les applaudissements redoublent. Charles Maurice nous a laissé un compte rendu de cette soirée (1). « J'étais à Lyon, dit-il, attendant
» ma place dans une étude d'avoué, lorsque le gé-
» néral Bonaparte arriva d'Égypte et s'arrêta dans
» cette ville. Il descendit à l'hôtel presque attenant
» au théâtre des Célestins, sur la place de ce nom.
» A cette nouvelle, toute la ville s'y porta et de-
» manda le héros avec tant d'insistance qu'il parût

(1) *Histoire anecdotique du Théâtre*, tome I, page 57.

» à son balcon, bien que la soirée fût déjà fort
» avancée.

» Pour ne parler que de ce que j'ai vu, et lais-
» sant les démonstrations officielles, Bonneville,
» le directeur du spectacle que je viens de nommer,
» alla sur-le-champ trouver Martainville, qui
» végétait dans ces parages, pour l'engager à com-
» poser un *à-propos* qu'on jouerait le lendemain.
» Le délai était court. Cela n'effraya pas l'esprit
» aventureux de l'auteur, qui mit aussitôt ses idées
» en campagne. De son côté Bonneville se rendit
» auprès du général pour le prier d'assister à la
» représentation, ce qui fut accepté.

» On expédia *dar-dar* le spectacle commencé.
» Puis on dressa sur le théâtre une grande table
» couverte d'un souper à la fois simple et copieux.
» Martainville s'y assit pour griffonner ce que
» deux copistes lui arrachaient, et remettaient,
» par lambeaux, aux acteurs festoyant avec leur
» double pâture. A cinq heures du matin toutes
» les parties de ce travail approuvé, rejeté, biffé,
» raturé, appris, oublié, et enfin collé sur la
» mémoire, furent définitivement paraphées sous
» ce titre : *Le Héros de retour*, ou *Bonaparte à Lyon*,
» et chacun alla prendre du repos. Martainville
» s'y était réservé un rôle. Aussitôt levé, il alla
» chercher au magasin de quoi costumer, ou à
» peu près, ses personnages.

» L'heure est arrivée. La salle regorge de spec-

» tateurs. Le général et son état-major sont aux
» premières avant-scènes, à la gauche du public,
» loge très peu élevée au-dessus du théâtre. Les
» acteurs se réunissent. Ils tâchent de se recorder,
» de se rappeler que, dans la soi-disant pièce, l'un
» est le *père*, l'autre un *jeune officier* revenant de
» l'armée, celui-ci un *rival*, et celle-là la *fiancée* du
» militaire. Mais la frayeur les paralyse, ils ne se
» souviennent plus de ce qu'ils croyaient savoir.
» La trop grande envie de bien faire, cette puis-
» sante raison de faire plus mal que de coutume,
» jette une affreuse confusion dans leur esprit. Que
» va-t-il arriver? Les trois coups sont frappés. On
» lève le rideau.

» En sa qualité de chef de la famille née d'hier,
» Bonneville ouvre la scène. Il veut dire son rôle,
» mais il l'a oublié; il articule ce qu'il trouve,
» trouve ce qu'il peut, et, à bout d'imagination,
» s'approche de la cantonnade pour conjurer Mar-
» tainville de le secourir en se présentant. « Pa-
» tauge encore, lui répond ce dernier toujours
» plaisant, je suis à toi tout à l'heure. » Enfin il
» entre. Pour lui, l'improvisation est plus facile;
» il joue d'ailleurs l'officier, à qui des couplets
» bourrés de *guerriers*, de *lauriers*, de *gloire* et de
» *victoire* ne coûtent qu'un léger effort de mnémo-
» nique. Il s'interrompt pour s'écrier : *Voilà ma*
» *fiancée!* » L'actrice comprend et se montre. Toute
» troublée, elle mêle ce qu'elle doit dire avec ce

» qui lui revient d'un de ses anciens rôles. L'inter-
» locuteur, fort sur le répertoire, lui glisse un
» mot qui la ramène à la situation, tandis que
» Bonneville, qui a eu le temps de se remettre,
» les assiste l'un et l'autre par des phrases d'un
» replâtrage salutaire. Quand le père et la fille sont
» à sec, c'est l'officier qui parle ou qui chante, et,
» pour tancer vertement son odieux rival, il suffit
» qu'il interrompe les monosyllabes que le pau-
» vre acteur a tout au plus la force de prononcer.
» Jusque-là tout allait assez bien, on aurait pres-
» que dit une pièce de *circonstance*. Les applica-
» tions se succédaient, les applaudissements reten-
» tissaient. A chaque *bis* que l'on demandait, Mar-
» tainville répondait par un couplet différent qui
» passait pour une galanterie préméditée, et les
» transports n'en éclataient qu'avec plus de fréné-
» sie. Mais il fallait finir. Comment s'y prendre
» pour arriver sans trop de brusquerie, et toujours
» *sous les auspices du héros*, au mariage qui allait
» tirer tant de monde d'un si grand embarras ?
» Personne ne le savait. Déjà le poème faiblissait,
» la musique perdait de son charme; le général,
» objet de la fête, commençait à penser au Direc-
» toire ; les acteurs se lançaient sournoisement des
« regards empreints de la plus vive inquiétude;
» mais, par bonheur, le public se maintenait dans
» son enthousiasme, lorsqu'un grand bruit se fait
» entendre... Il vient de la coulisse... est-ce une

» partie de la pièce ? est-ce un événement im-
» prévu ?

» Tout à coup une femme échevelée paraît; ses
» vêtements sont en désordre. On voit que quel-
» qu'un a cherché à la retenir. Elle tient un papier
» qu'en se précipitant au bas de la loge elle dirige
» vers le général Bonaparte, qui se baisse et le
» saisit. Puis elle tombe presque sans connais-
» sance, secourue par les acteurs et par une foule
» de personnes qui l'ont suivie sur le théâtre. En
» peu de mots, Martainville apprend de quoi il s'agit;
» il l'explique au public. Condamné à mort pour
» émission de fausse monnaie, le mari de cette
» femme doit être exécuté le lendemain; et c'est
» pour le sauver qu'elle met à profit la présence
» inespérée du grand capitaine.

« On juge de quel puissant intérêt s'anime aus-
» sitôt la scène. Le général jette les yeux sur le
» placet, y donne son assentiment par un signe
» de tête accompagné d'un geste de la main qui
» ne laisse point de doute sur l'issue de cette af-
» faire, et pendant qu'une formidable explosion de
» cris, d'applaudissements et de vivats se fait en-
» tendre jusque sur la place, on achève ou l'on
» n'achève pas la pièce; mais on pleure, on chante,
» on bénit le vainqueur de l'Égypte, et d'une folle
» entreprise, surgit à l'improviste une des plus
» piquantes pages d'histoire qu'aucune prémédi-
» tation n'aurait jamais pu produire. »

Bonaparte arriva à Paris dans la matinée du 16 octobre 1799, et se rendit de suite à sa petite maison de la rue de la Victoire, cette maison à laquelle il pensait au milieu de ses triomphes en Égypte, alors qu'il écrivait à son frère Joseph : « La gloire est fade à vingt-neuf ans ; j'ai tout » épuisé ; il ne me reste plus qu'à devenir bien » vraiment égoïste. Je compte garder ma maison ; » jamais je ne la donnerai à qui que ce soit. »

Mais là une déception l'attendait. Dans cette maison il comptait y retrouver Joséphine, et Joséphine, prévenue du débarquement de son mari, était partie au-devant de lui par la route de Bourgogne, alors qu'il arrivait par la route du Bourbonnais.

A la nouvelle de ce retour, ce furent dans Paris des transports de joie et des acclamations sans fin. Dans les théâtres, les acteurs dûrent annoncer en scène la bonne nouvelle. Pendant ce temps, que faisait Bonaparte ? Il souffrait mille morts. La tête montée contre sa femme, que ses propres frères n'avaient pas craint de souiller à ses yeux, il rentrait dans son petit hôtel de la rue de la Victoire, et trouvait la maison vide. Au moment où sa jalousie allait pouvoir enfin se donner un libre cours, au moment où une explication devenait nécessaire, il ne rencontre personne. Et l'attention bienveillante de Joséphine courant au-devant de lui tourne même contre elle. Dans ses folles angoisses il se demande si elle n'est pas allée à sa rencontre pour implorer son pardon.

Enfin Joséphine, s'étant aperçue qu'elle faisait fausse route, fait rebrousser chemin aux postillons. Elle arrive à son tour à Paris, deux jours après le général.

Alors, dans cette maison se passe une scène inénarrable. Joséphine, qui n'a pas vu son mari depuis près de deux ans, gravit tremblante le petit escalier qui mène à la chambre de Bonaparte. Elle frappe, et cette porte reste close. Elle supplie, elle pleure, et cette porte reste muette. La nuit se passe ainsi, et ce n'est qu'au petit jour, sur les instances de ses enfants, qu'elle a fait venir, ce n'est qu'à la voix d'Eugène et d'Hortense que ce farouche Othello se décide à ouvrir. Joséphine se justifie enfin, et les deux époux tombent dans les bras l'un de l'autre.

Avant de reprendre dans notre étude, *Talma et l'Empire*, le fil de cette histoire un moment interrompue, nous dirons encore quelques mots de cette maison de la rue de la Victoire où nous avons vu tant d'événements divers se succéder depuis dix ans. C'est là en effet que va se jouer le prologue du 18 brumaire. Après cela nous quitterons la rue de la Victoire pour n'y plus revenir, et le peu de lignes que nous consacrons au 18 brumaire nous conduira de suite, et sans aucun préambule, à l'époque du Consulat. Nous verrons alors ce qu'il était advenu de la transformation récente de la Comédie-Française, et nous atteindrons ainsi avec Talma les premiers beaux jours de l'Empire.

« Citoyens-directeurs, je jure que cette épée ne » sera jamais tirée que pour la défense de la Ré- » publique et de son gouvernement. » Ainsi parlait le général Bonaparte à son retour d'Égypte. On sait comment il devait tenir ses serments. Dans le monde officiel, où il est devenu pour tous un objet de curiosité, Bonaparte pose pour l'homme blasé et fatigué. Il accompagne bien Joséphine au théâtre; mais il feint de se dérober aux regards de la foule en se plaçant au fond d'une loge ou dans une baignoire grillée. Enfin tout chez lui est le résultat d'une étude, tout, depuis ses conversations auxquelles il affecte de donner une forme scientifique ou littéraire, jusqu'à son costume dont il a banni les galons et les broderies. Qui donc peut se défier d'un homme aussi modeste ?

XL

LE 18 BRUMAIRE — CONCLUSION

Quand tous les préparatifs du complot furent terminés, la date du 18 brumaire fut choisie pour le faire éclater. Arnault nous entretient d'un dîner qui eut lieu, quelques jours avant le 18 brumaire, chez le ministre de la police, Foucher. Rœderer, Réal, Chénier, l'amiral Brueis, Regnault, Bonaparte y assistaient. « J'ai voulu, dit le » ministre au général, vous faire rencontrer ici les » personnes qui vous sont le plus agréables. » Après le dîner il y eut concert : Laïs et Chéron chantèrent des poèmes d'Ossian, mis en vers par Chénier, et en musique par Fontenelle. Réal égaya de sa verve si spirituelle la réunion. Ainsi, on le voit, on ne conjurait même pas sans avoir des artistes à ses côtés. Ou plutôt Bonaparte était enchanté de prêter à ces réunions une tournure artistique. Enfin, pour varier l'endroit de ses rendez-vous, craignant sans doute d'être surveillé, il allait au théâtre. C'est ainsi, nous dit Arnault, qu'il eut au Théâtre-Français une longue conférence avec Garat (pas le chanteur, mais le ministre) pendant une représentation des *Vénitiens*.

Le 18 brumaire, de grand matin, à six heures, les officiers de l'armée se pressent dans la rue de la Victoire sous prétexte de présenter leurs hommages au général. Le colonel Sébastiani, ne prenant conseil que de lui-même, est à la tête de ses dragons. Dans le petit hôtel c'est une confusion sans nom. On ne voit qu'uniformes de toutes sortes, et le général Lefebvre, à qui Bonaparte donnera plus tard cette même maison, s'étonnant de trouver là les dragons sans son ordre : « Voici le sabre turc » que je portais à la bataille des Pyramides, lui » dit Bonaparte, acceptez-le, vous qui êtes un » des plus intrépides soutiens de la patrie; voulez- » vous la laisser périr dans les mains de ces avo- » cats qui la perdent ? » Et le général Lefebvre est gagné à la cause.

A neuf heures le vote du Conseil des Anciens est connu. Le Corps législatif est transféré à Saint-Cloud. Le général Bonaparte est chargé de l'exécution du décret. Bonaparte est sur le perron de son petit hôtel ; il harangue la foule des officiers qui se pressent dans la cour. « La République est en » danger. Puis-je compter sur vous pour la sau- » ver ? ». Et le cortège s'ébranle, escorté par les dragons de Sébastiani. Aujourd'hui Bonaparte est aux Tuileries, fort de l'appui de la garnison de Paris. Demain, 19 brumaire, il donnera l'ordre aux grenadiers de Murat et de Leclerc d'envahir à Saint-Cloud la salle des Cinq-Cents et de jeter les députés par les fenêtres. Après-demain, Joséphine quittera la rue de la Victoire pour aller s'installer au palais du Luxembourg, et avec elle nous quitterons à jamais la petite maison de la rue Chantereine, nid d'amour du tragédien Talma et du général Bonaparte (1).

La première partie de notre étude s'arrête ici ; nous avons assisté aux débuts de Talma, nous avons été témoins de ses luttes au sein de la Comédie, nous sommes entrés avec lui dans le salon de Julie, nous avons coudoyé les Girondins, Du-

---

(1) Cette maison ne se fera plus remarquer dans la suite que par une circonstance assez bizarre. C'est dans cet hôtel que, le 3 janvier 1802, fut célébré le mariage religieux de Louis Bonaparte et de Hortense de Beauharnais. Le mariage civil eut lieu aux Tuileries, et comme on n'y disait pas encore la messe, il fut décidé que le mariage religieux aurait lieu dans cette maison de la rue de la Victoire, maison qui devint la résidence des jeunes époux. Le cardinal Caprara, qui négociait alors le Concordat avec le gouvernement français, leur donna la bénédiction nuptiale, et le général Murat et sa femme, Caroline Bonaparte, qui n'avaient été mariés que civilement, profitèrent de cette circonstance pour faire régulariser leur union devant l'Eglise. Seul le premier Consul restait marié devant la loi. (Voir *la Femme du premier Consul*. — Imbert de Saint-Amand.)

mouriez et Marat. Nous avons vu les comédiens jetés en prison, nous avons applaudi au trait de courage de leur sauveteur La Bussière. Chez Mme Tallien nous avons rencontré un jeune officier d'artillerie, Bonaparte. Nous avons expliqué l'origine de ses relations avec Talma; nous avons dit de quelle façon Mme Bonaparte avait acheté sa maison à Mme Talma. Enfin, par une petite excursion sur le domaine de la politique, nous avons salué l'aurore du grand astre qui se lève, du premier consul de demain. Avec le 18 brumaire la Révolution a pris fin. Notre cadre est rempli. La suite de cette histoire appartient à une autre étude que nous allons aborder : l'époque du Consulat et de l'Empire.

Toutefois, ne fermons pas ce volume sans reproduire ici le jugement porté sur Talma par ses contemporains à ce moment de sa carrière. Ce jugement, nous l'emprunterons à la *Lorgnette de spectacle*, ou la *Revue des acteurs*, par Fabien Pillet, en l'an VII de la République.

Les avis sont toujours partagés sur le compte de Talma ; Talma n'a pas encore pour lui l'époque impériale, l'amitié de César et la consécration du temps. Talma est discuté, et nous ne nous en plaignons pas, car de ces discussions pour nous jaillit la lumière. Nous assistons pour ainsi dire à l'éclosion de son génie. Les hommes d'un âge mûr qui ont vu jouer la tragédie par Lekain et Brizard ne peuvent s'accoutumer de la méthode nouvelle. Talma les effraie avec toutes ses audaces, audace de diction, audace de costume, audace de réalisme. Les jeunes artistes, au contraire, n'ayant pas d'objet de comparaison, ne peuvent concevoir d'autre méthode que la sienne, et croient, en conséquence, lui devoir une admiration exclusive. L'auteur de cet article, après nous avoir prévenus qu'entre ces deux partis opposés se placent un petit nombre d'hommes éclairés et sans préjugés qui voient le beau partout où il se trouve, et qui s'écartent avec une égale précaution et de l'extrême rigueur et de l'enthousiasme immodéré, ajoute qu'il veut être l'interprète de ces derniers, et faire luire enfin la vérité. Nous ne demandons pas autre chose.

« Le citoyen Talma, écrit-il, a pour qualités
» théâtrales une figure sombre et expressive dont
» le caractère prononcé convient parfaitement à
» un genre de tragédie, un organe plein, mordant
» et d'un assez bel effet dans le médium, une
» démarche aisée, de l'aplomb, de la chaleur dans
» le débit, une grande fidélité de costume, une
» observation scrupuleuse des convenances, etc.,
» etc. Il se pénètre parfaitement de l'intention des
» auteurs, il soigne sa diction et varie habilement
» ses gestes ; il prépare et amène avec
» adresse les effets de déclamation et de situation,
» il connaît l'art de remplir la scène, il parle

» même dans son silence ; enfin il se montre dans
» beaucoup de rôles *artiste* savant et profond. »

Comme on le voit, le talent de Talma n'est pas encore un talent consacré : on reconnaît ses qualités, on les enregistre, on les note. Passons à présent aux défauts.

« Cet organe plein et mordant dans le médium
» cesse d'être beau lorsqu'il devient éclatant. Un
» enrouement désagréable lui succède dans les
» moments de colère ou de désespoir. Dans ceux
» de douleur, il semble partir de la gorge et il se
» prolonge ainsi dans une monotonie rauque et
» *doléante* (1), qui finit par fatiguer l'oreille la
» moins délicate. La figure de Talma, quoique
» expressive et bien dessinée, n'a pas un carac-
» tère de dignité convenable aux rôles magna-
» nimes ou chevaleresques ; elle ne convient qu'à
» ceux où il faut du sombre, des passions exces-
» sives, une sorte de rage, des remords déchirants,
» j'ose dire même un *esprit conspirateur ;* sa com-
» plexion est trop faible pour faire illusion dans
» certaine tragédies où le héros doit avoir des
» formes robustes et une apparence martiale ; sa
» diction, ordinairement savante, n'est pas tou-

---

(1) « Ce mot est-il français ? Je n'en crois rien ; mais je n'ai pas trouvé son synonyme. *Dolent* est faible et ne rendrait pas mon idée. » (Note de Fabien Pillet.) Nous verrons plus tard Talma se corriger de ces défauts.

» jours assez nuancée ; il se méprend quelquefois
» sur la couleur convenable aux rôles de fierté ;
» enfin, s'il parvient souvent à émouvoir l'âme du
» spectateur, il ne l'élève presque jamais. »

L'article assurément n'est pas tendre ; le *Censeur dramatique* de cette même année est encore plus dur pour Talma ; il lui trouve la taille médiocre, le teint horriblement safrané et la voix gutturale. « Nous doutons fort que son talent aille jamais » beaucoup plus loin, » ajoute le *Censeur dramatique* en parlant du tragédien. L'avenir a répondu.

— Qu'est-ce que tout cela prouve ? Sinon qu'on n'arrive à rien sans un travail incessant, et que le comédien le mieux doué de la nature ne serait encore qu'un mauvais comédien s'il ne consacrait tout son temps et tous ses efforts à l'étude de son métier. Talma avait des défauts en l'an VII, nous avoue le *Censeur*. — Mais trente années plus tard, Talma, sur le bord de la tombe, regrettera de ne pas vivre assez longtemps pour perfectionner encore l'art auquel il a consacré toute sa vie. Pour nous, historien de théâtre, il ne nous déplaît pas de voir discuter nos idoles. Ces critiques nous font deviner des débuts pénibles, des combats incessants, un travail opiniâtre et des difficultés vaincues. C'est la lutte de l'art contre la nature, et dans ce corps à corps acharné, c'est la nature à bout de forces qui se confesse vaincue.

Talma avait à cette époque deux comparaisons

à redouter : celle de Lekain qu'avaient admiré les vieux amateurs de théâtre, celle de Larive qu'applaudissaient encore les habitués du parterre. La première de ces comparaisons n'était en somme que relative, car les véritables admirateurs de Lekain se faisaient déjà rares à la fin du xviii siècle. La seconde était plus redoutable, puisque Larive jouait encore; mais elle pouvait toutefois se soutenir. « Les personnes qui veulent mettre Talma
» en comparaison avec Larive se donnent une
» peine inutile, lisons-nous dans la *Lorgnette de*
» *spectacle*, puisque ces deux tragédiens ont deux
» genres de talent tout à fait différents l'un de
» l'autre et peu susceptibles de rivalité; je les
» regarde comme également estimables, ajoute
» l'auteur de cet article, également supérieurs à
» tout ce que nous avons maintenant d'acteurs tra-
» giques; mais, s'il me fallait choisir entre eux,
» ce serait le genre et non le degré de leur talent
» qui pourrait me déterminer. Larive est l'acteur
» de Cornellle et de Voltaire; Talma celui de
» Shakespeare. » On ne saurait dire mieux ni plus juste. Le talent de Talma sortait des règles établies; cette méthode nouvelle, inspirée de la manière anglaise et tombant à la fin du xviii siècle, était tout simplement une révélation. C'est ce genre précurseur de l'école romantique qu'il va falloir faire accepter en France. L'amitié du plus puissant des monarques qui comblera de faveurs son acteur

de prédilection aura bien aussi son poids dans la balance du jugement public. Dans cette étude, nous n'avons assisté qu'à des tâtonnements et à des essais. L'heure des hésitations est passée. Dans notre deuxième étude : *Talma et l'Empire*, nous allons entrer dans l'ère des succès incontestés et des triomphes pour tous — pour le conquérant, sur la scène du Monde; pour le tragédien, sur la scène du Théâtre-Français ou devant « un beau parterre de rois ! »

TABLE DES MATIÈRES

I.	— Naissance de Talma.............	1
II.	— Talma en Angleterre............	7
III.	— Débuts de Talma...............	13
IV.	— Réforme du costume............	21
V.	— Discours de réouverture..........	29
VI.	— La tragédie de *Charles IX*........	37
VII.	— Tempête au sein de la Comédie...	45
VIII.	— Exclusion de Talma.............	55
IX.	— Rentrée de Talma dans *Charles IX*.	61
X.	— Ouverture du théâtre de la rue Richelieu......................	69
XI.	— La jeunesse de Talma............	75
XII.	— Julie Careau...................	81
XIII.	— Premier mariage de Talma.......	87
XIV.	— L'hôtel de la rue Chantereine.....	97
XV.	— Le salon de Julie...............	107
XVI.	— Le théâtre de la rue Richelieu en 1792......................	115
XVII.	— Dumouriez chez Talma..........	123
XVIII.	— Les comédiens français dénoncés...	133
XIX.	— Emprisonnement des comédiens....	141
XX.	— Générosité de Talma............	151
XXI.	— Talma devant le tribunal révolutionnaire.......................	159
XXII.	— Ordonnances et décrets concernant les théâtres..,..	167

XXIII.	— Le poète Arnault.................	175
XXIV.	— Première rencontre du général Bonaparte et de Talma.............	183
XXV.	— Bonaparte et Talma chez Mme Tallien.	193
XXVI.	— Transition.....................	201
XXVII.	— Le 13 vendémiaire...............	207
XXVIII.	— Le salon de Julie en 1795..........	215
XXIX.	— Séparation de Talma et de Julie...	223
XXX.	— Bonaparte achète l'hôtel de Talma..	233
XXXI.	— Madame Petit-Vanhove...........	241
XXXII.	— Encore la politique.............	245
XXXIII.	— Les trois théâtres français.........	251
XXXIV.	— La comédie à l'armée d'Italie......	257
XXXV.	— Dîners artistiques chez le général Bonaparte.....................	265
XXXVI.	— Départ pour l'Egypte.............	271
XXXVII.	— Sageret réunit les trois troupes......	275
XXXVIII.	— La Comédie-Française est constituée.	285
XXXIX.	— Retour d'Egypte................	297
XL.	— Le 18 brumaire. — Conclusion....	307

---

878. — Poitiers, Imprimerie Générale de l'Ouest (BLAIS, ROY et Cie),
7, rue Victor-Hugo.

BIBLIOTHÈQUE DES DAMES ET DES DEMOISELLES

Format in-12

Mme D'ARMAILLÉ
Marie-Thérèse et Marie-Antoinette. 2e édit. 1 vol. .... 3 fr.
Catherine de Bourbon. 2e édit. 1 vol. 3 fr.
Marie Leckzinska, reine de France. 2e édit. vol. .... 2 fr.

Mlle CLAR. BADER
La Femme biblique. 2e édit. 1 vol. 3 fr. 50
La Femme grecque (Ouvrage couronné par l'Académie française). 2e édit. 2 vol. 7 fr.

Mme BLANCHECOTTE
Impressions d'une femme. Portraits et Méditations. 1 vol. .... 3 fr.
Tablettes d'une femme pendant la Commune. 1 vol. .... 3 fr. 50

Mme LENORMANT
Quatre femmes au temps de la Révolution (Ouvrage couronné par l'Académie française). 3e édit. 1 vol. .... 3 fr.

Mme CRAVEN (AUG.)
Récit d'une sœur. Souvenirs de famille (Ouvrage couronné par l'Académie française). 2 vol. 8 fr.
Anne Séverin. 1 vol. .... 4 fr.
Fleurange (Ouvrage couronné par l'Académie française). 2 vol. 6 fr.
Le Mot de l'Énigme. 2 vol. 6 fr.
Adélaïde Capece Minutolo. 1 vol. 2 fr.

ROSA FERRUCCI
Sa vie et ses lettres, publiées par sa mère et trad. avec une Introduction par M. l'abbé Lemonnier. 2e édit. 1 vol. .... 3 fr.

Mme GAGNE-MOREAU
Mémoires d'une Sœur de charité. 1 volume. .... 3 fr.
Nancy Vallier. 1 vol. .... 3 fr.

EUGÉNIE DE GUÉRIN
Journal et Lettres (Ouvrage couronné par l'Académie française). 2 vol. .... 7 fr.

Mlle GUERRIER DE HAUPT
Marthe (Ouvrage couronné par l'Académie française). 1 vol. .... 3 fr.
Forts par la foi. 1 vol. .... 3 fr.
Les Défauts de Gabrielle. 1 vol. .... 3 fr.

Mme MARIE JENNA
Enfants et Mères. Poésies. 1 vol. 3 fr.

MARY O'NELYA
Lettres d'une jeune Irlandaise à sa sœur. 1 vol. .... 3 fr.

Mme DE CHANDENEUX
Blanche-Neige. 1 vol. .... 3 fr.

Mme S. BLANDY
Bénédicte. 1 vol. .... 3 fr.

Ctesse DE MIRABEAU
Jane et Germaine. 1 vol. .... 3 fr.

Ctesse DE LA ROCHÈRE
La Demoiselle de compagnie. 1 vol. 3 fr.

Mme GUILLON
Cinq années de la vie des jeunes filles. 3e édit. 1 vol. .... 3 fr.
L'Entrée dans le monde. Simples récits. 2e édit. 1 vol. .... 3 fr.
Projets de jeunes filles, Claire Duquénois. 1 vol. .... 3 fr.

HIPP. AUDEVAL
Paris et Province. 1 vol. .... 3 fr.
Les Cœurs simples. 1 vol. .... 3 fr.

F. FERTIAULT
Les féeries du travail. 1 vol. .... 3 fr.
La Chambre aux histoires. 1 vol. .... 3 fr.
Petits Drames rustiques. 1 vol. .... 3 fr.

Mme FERTIAULT
L'Éducation du cœur. Causeries et conseils d'une mère. 1 vol. .... 3 fr.

JONVEAUX
Le Sacrifice de Paul Wyler. 1 v. 3 fr.

Mlle THÉRÈSE ALPH. KARR
La Fille du Cordier. Histoire irlandaise. 1 vol. .... 3 fr.

MICHEL MASSON
Les Historiettes du père Broussailles. 1 volume. .... 3 fr.
Les Gardiennes. 1 vol. .... 3 fr.
Lectures en famille. Scènes du foyer domestique. 1 vol. .... 3 fr.

ANT. RONDELET
Le Lendemain du mariage. 2e édition. 1 vol. .... 3 fr.
Le Danger de plaire, etc., etc. 1 vol. 3 fr.
L'Éducation de la vingtième année. Lettres à ma cousine Nathalie. 1 vol. .... 3 fr.

Mme SEBRAN
Rousou. Histoire du village. 1 vol. 3 fr.
Journal d'une mère pendant le siège de Paris. 1 vol. .... 3 fr.

Mme DE WITT
Scènes d'histoire et de famille (Ouvrage couronné par l'Acad. française). 1 vol. 3 fr.
Charlotte de La Trémoille, comtesse de Derby. 1 vol. .... 3 fr.

Mlle ULLIAC
Émilie, ou la Jeune fille auteur. 1 vol. 3 fr.

Mlle BENOIT
Françoise, ou la vocation d'une chrétienne. 1 vol. .... 3 fr.

Mlle ADR. ROGRON
Le choix de Suzanne. 1 vol. .... 3 fr.
Le Testament d'une vieille fille. 1 v. 3 fr.

GAB. D'ÉTHAMPES
Isabelle aux blanches mains. 1 vol. 3 fr.

EUG. MULLER
Récits champêtres (Ouvrage couronné par l'Académie française). 1 vol. .... 3 fr.

AUGUSTA COUPEY
L'Orpheline du 41e. 2e édit. 1 vol. 3

Paris. — Imp. E. Capiomont et Cie, rue des Poitevins, 6.

www.ingramcontent.com/pod-product-compliance
Lightning Source LLC
Chambersburg PA
CBHW052240220526
45471CB00001B/127